MORITZ WOLLERT

UNNÜTZES AMERICAN FOOTBALL WISSEN

MORITZ WOLLERT

UNNÜTZES AMERICAN FOOTBALL WISSEN

ALLES RUND UM DIE NFL UND DEINEN LIEBLINGSSPORT

riva

Bibliografische Information der Deutschen Nationalbibliothek
Die Deutsche Nationalbibliothek verzeichnet diese Publikation in der Deutschen
Nationalbibliografie.
Detaillierte bibliografische Daten sind im Internet über http://d-nb.de abrufbar.

Für Fragen und Anregungen
info@m-vg.de

Wichtiger Hinweis
Ausschließlich zum Zweck der besseren Lesbarkeit wurde auf eine genderspezifische
Schreibweise sowie eine Mehrfachbezeichnung verzichtet. Alle personenbezogenen
Bezeichnungen sind somit geschlechtsneutral zu verstehen.

Originalausgabe
4. Auflage 2025
© 2022 by riva Verlag, ein Imprint der Münchner Verlagsgruppe GmbH
Türkenstraße 89
80799 München
Tel.: 089 651285-0

Redaktion: René Stein
Umschlaggestaltung und Layout: Isabella Dorsch
Umschlagabbildung: shutterstock.com/danielfela, Thomas Bethge,
Anna Timoshenko, Iryna Nadtachey
Satz: abavo GmbH, Buchloe
Druck: ScandBook, Litauen
Printed in EU

ISBN Print 978-3-7423-1805-3
ISBN E-Book (PDF) 978-3-7453-1503-5
ISBN E-Book (EPUB, Mobi) 978-3-7453-1508-0

Wir produzieren
nachhaltig
www.m-vg.de

— Weitere Informationen zum Verlag finden Sie unter —
www.rivaverlag.de
Beachten Sie auch unsere weiteren Verlage unter www.m-vg.de

INHALT

FIRST DOWN

WISSENSWERTES AUS DER GESCHICHTE DES AMERICAN FOOTBALLS

ALLER ANFANG IST ANDERS

Am 6. November 1869 erblickt American Football in New Brunswick das Licht der Welt, zumindest ein entfernter Verwandter von dem Spiel, das man heute aus der National Football League kennt. Das Team des Rutgers College empfängt damals die University of New Jersey, heute besser bekannt als Princeton und seines Zeichens Mitglied der Ivy League. Die Partie erinnert nicht nur aufgrund des runden Spielgeräts eher an den klassischen europäischen Fußball, sie folgt auch den 1863 festgelegten Grundsätzen der London Football Association und gilt somit auch gleichzeitig als das erste Fußball-Match auf amerikanischem Boden. Das Spiel oder besser gesagt die zehn Spiele innerhalb des Spiels gehen mit 6:4 an die Heimmannschaft, die Gäste werden anschließend durch die frenetisch jubelnden Studenten aus dem Stadion gejagt. Eine Woche später revanchieren sich die Tigers allerdings bei den Queensmen und machen mit einem 8:0 ihre vorherige Niederlage wett.

DER ERSTE PROFI DER FOOTBALL-GESCHICHTE

1892 gilt William »Pudge« Heffelfinger als der beste Footballer der damaligen Zeit. In vier Jahren an der Yale University verliert er mit seinen Mannschaftskameraden gerade einmal zwei Spiele, das ungeschlagene 1888er-Team dominiert ihre Gegner sogar mit einem unglaublichen Gesamtpunktestand von 698:0. Es ist also wenig verwunderlich, dass die langjährigen Rivalen der Allegheny Athletic Association und des Pittsburgh Athletic Club vor ihrem Duell am 12. Dezember 1892 vehement um seine Dienste buhlen. 250 US-Dollar der Letzteren sind für Heffelfinger nicht genug, das Doppelte von den Three A's allerdings schon. Hitzige Diskussionen entbrennen um die Legitimität des höheren Gebots, sodass die Partie aufgrund der hereinbrechenden Nacht schließlich nur verkürzt gespielt werden kann. Allegheny gewinnt 4:0 und macht Pudge Heffelfinger dabei zum ersten bezahlten Profi im American Football.

WALTER CAMP MACHT FUSSBALL AMERIKANISCH

Walter Camp ist zu Lebzeiten ein umtriebiger Zeitgenosse und Mann mit vielen Interessen. Er arbeitet unter anderem in der Uhrenfabrik seiner Familie, schreibt leidenschaftlich gerne Sportbücher und will eine uramerikanische Version des Fußballs erfinden. Der Pionier hilft dabei, aus der anfänglichen Mixtur von Rugby und Fußball die erste Frühform des heutigen American Football zu machen. Moderne Regelstandards wie das System der vier Downs, die Line-Of-Scrimmage oder der Snap vom Center zum Quarterback gehen auf Camp zurück. Er ist damals allerdings trotz nur drei erlaubten Versuchen etwas nachsichtiger mit der Offense, denn sie muss nur fünf Yards anstatt der heutigen zehn für ein neues First Down überbrücken.

DER ERSTE FORWARD PASS DER GESCHICHTE

Heute ist der Vorwärtspass aus dem American Football nicht mehr wegzudenken, anfangs allerdings dreht sich das Spiel hauptsächlich um das Tragen und Treten des Balles. Diese Form des Spiels stellt sich Anfang des 20. Jahrhunderts als relativ gefährlich heraus, jährlich sterben etliche Studenten beim körperbetonten Wettkampf an den Universitäten Amerikas, und so mancher fordert sogar schon ein Verbot der gesamten Sportart. Selbst US-Präsident Theodore »Teddy« Roosevelt, dessen Sohn damals für Harvard spielt, schaltet sich in die kontroverse Debatte ein und verstärkt den Druck auf die verschiedenen Regelkomitees. 1906 wird der Forward Pass, mit dem Teams schon seit Jahren im Training experimentieren, in den Regeln anerkannt, und am 5. September 1906 feiert er schließlich seine Premiere am Carroll College in Waukesha, Wisconsin. Nach einem frühen Fehlwurf, damals gleichbedeutend mit einem Turnover, findet Bradbury Robinson von der Saint Louis University seinen Receiver Jack Schneider mit einem 20-Yard-Touchdown-Pass und schafft somit die erste Completion der Geschichte.

AMERICAN-FOOTBALL-PIONIER MACHT DIE ARMEE FIT

Walter Camp erlangt Anfang des 20. Jahrhunderts nicht nur im American Football außerordentliche Verdienste. In Sorge um den Fitnesszustand der eigenen Truppen beauftragt ihn das US-Militär während des Ersten Weltkriegs, ein paar Übungen der Leibesertüchtigung für die Soldaten zu entwickeln. Die »Daily Dozen« (das »tägliche Dutzend«) sind zwölf Übungen, die Rekruten der See- und Landstreitkräfte fortan innerhalb von acht Minuten jeden Morgen durchturnen.

DAS TEAM, DAS DEN FANS GEHÖRT

Am 11. August 1919 sitzen Earl Louis Lambeau, besser bekannt als »Curly«, und George Whitney Calhoun im Obergeschoss der Green Bay Press-Gazette zusammen und gründen ein neues Football-Team. Das Geld für Equipment erhält Lambeau von seinem Arbeitgeber, der Indian Packing Company, deshalb bekommt die Mannschaft den Namen »Packers«. In den ersten Jahren sind finanzielle Mittel trotz Beitritt zur neuen American Professional Football Association (ab 1922

NFL) knapp, bei Heimspielen geht sogar regelmäßig ein Hut für Spenden durch die Zuschauerreihen. 1923 gründen lokale Vertreter dann die Green Bay Packers Inc., womit das Team als gemeinnützige Organisation in öffentlichen Besitz übergeht und die Fans Anteile an der Mannschaft kaufen können. Die Packers sind damit die einzige US-Sport-Franchise, die ihren Anhängern gehört. Bei der ersten Aktienausgabe 1923 kostet eine Aktie fünf US-Dollar, insgesamt nimmt das Team damals 5545 Dollar ein. Bei der bisher letzten Ausgabe 2011 steigt der Preis einer Aktie auf 250 US-Dollar, die Gesamteinnahmen belaufen sich auf 67 407 750 Dollar. Insgesamt sind 5 009 400 Aktien im Umlauf, die bei ungefähr 361 300 »Team-Besitzern« liegen.

EINE LIGA ENTSTEHT BEIM AUTOHÄNDLER

An der Ecke der Cleveland Avenue und Second Street in Canton, Ohio, treffen sich am 17. September 1920 elf Football-Teambesitzer im Showroom von Autohändler Ralph Hay, dem jungen Owner der hiesigen Bulldogs. Dessen Büro ist zu klein, Stühle gibt es auch nicht genug, immerhin sind reichlich Bier und Zigarren für alle

Mann vorhanden. Kurz nach einem Treffen mit anderen Funktionären aus Ohio geht es jetzt für Hay darum, den »Wilden Westen« des professionellen Footballs der damaligen Zeit endlich in geordnete Bahnen zu lenken. Bis dato wechseln Spieler die Teams wie ihre Unterwäsche, in Spielplänen regiert das heillose Chaos, und ein zentrales Organ, das den Spielbetrieb regelt und organisiert, ist Wunschdenken. »Meine Mannschaft hat in einem Jahr vier Mal gegen Knute Rockne gespielt, und jedes Mal hatte er dabei ein anderes Trikot an«, moniert unter anderem Joe Carr, Besitzer der Columbus Panhandles. Der schicksalsträchtige Abend bei der *Ralph E. Hay Motor Company* setzt diesem Wirrwarr ein Ende. Die Teambesitzer wählen Hay auf Stoßstangen und Motorhauben sitzend zum ersten Sekretär der neuen American Professional Football Association und machen den olympischen Zehnkampf-Helden Jim Thorpe zum Präsidenten der APFA. Zwei Jahre später wird die frisch gegründete Liga neu organisiert und in National Football League umgetauft.

DER »STALEY SWINDLE«

In ihren ersten Tagen steckt das Regelwerk der NFL, damals APFA genannt, noch in den Kinderschuhen. Titelträger soll jedes Jahr die Mannschaft mit der besten Siegesquote sein, und diese soll beim Treffen der Teambesitzer am Ende der Saison ausgerufen werden. Jede Mannschaft kann zur damaligen Zeit so viele oder so wenige Spiele ansetzen, wie sie möchte. An Thanksgiving 1921 schlagen die Buffalo All-Americans die Chicago Staleys im Duell zweier bis dato ungeschlagener Teams und scheinen somit auf dem Weg zur Meisterschaft. »Papa Bear« George Halas fordert ein auch finanziell für beide Seiten profitables Rematch, dem Buffalos Besitzer Frank McNeill unter der Bedingung zustimmt, dass es als »Postseason Exhibition« nicht zur regulären Saisonbilanz zählt. Chicago gewinnt, und nach weiteren Spielen stehen am Saisonende plötzlich beide Mannschaften mit je neun Siegen und einer Niederlage da. Halas hat die Besitzer davon überzeugt, dass beide Spiele zählen sollen und obendrein auch noch davon, dass das zweite der beiden Duelle mehr Gewicht hat. Die Owner stimmen anschließend für den sogenannten Tiebreaker und deklarieren Chicago zum Meister, erkennen aber auch an, dass die Liga in Zukunft einen festen Saisonabschluss braucht.

DIE OORANG INDIANS & DIE KLEINSTE STADT DER NFL

Anfang der Zwanzigerjahre züchtet Geschäftsmann Walter Lingo in seiner Heimatstadt LaRue in Ohio unter dem Namen »Oorang Dog Kennels« besondere Airedale Terrier. Um seine Hunde über die Stadtgrenzen der damals 711 Seelen zählenden Gemeinde bekannt zu machen, stellt er 1923 kurzerhand ein NFL-Team auf die Beine. Die Oorang Indians setzen sich in den kommenden zwei Spielzeiten komplett aus Native Americans zusammen, werden von Jahrhundertsportler Jim Thorpe trainiert und sind eigentlich nur unterhaltsames Beiwerk zur großen Show um Lingos Vierbeiner. Die durchaus talentierten Spieler wissen um ihre Rolle als *Publicity Stunt*, lassen es dementsprechend heftig selbst vor den Spielen krachen und können lediglich vier von 20 Partien gewinnen. Einen Rekord werden sie aber wohl für immer behalten: Bis heute ist ihre Heimat LaRue die kleinste Stadt, die jemals ein NFL-Team beherbergt hat.

STUDENTEN GEGEN PROFIS

1930 bringt die Große Depression fast ganz Amerika wirtschaftlich in die Bredouille, auch in New York leiden Tausende unter der Krise. Um ihnen zu helfen, organisieren die New York Giants ein Benefizspiel gegen eine vom legendären Notre-Dame-Coach Knute Rockne zusammengestellte College-Auswahl. Damals schätzen viele das Spiel an den Unis als besser ein als das bei den Profis, womit die Giants allerdings durch ihren deutlichen 22:0-Erfolg endgültig aufräumen. Selbst Rockne konstatiert später ehrfürchtig bei einem Gala-Dinner: »Das war die größte Football-Maschine, die ich je gesehen habe, und ich bin froh, dass sich keiner von euch verletzt hat.« Anschließend fließen zusehends mehr Geld und Aufmerksamkeit in den Profisport, und die NFL startet mit Rückenwind in ein neues Zeitalter, welches ab dem Ende des Jahrzehnts immer mehr durch das Fernsehen geprägt sein soll.

WIDRIGKEITEN BEIM ERSTEN NFL-PLAYOFF-GAME

1932 stehen zwei Mannschaften am Ende der NFL-Saison mit identischen Bilanzen von sechs Siegen und einer Niederlage da: Die Chicago Bears und die Portsmouth Spartans, die zwei Jahre später in Detroit Lions umbenannt werden. Da die Unentschieden der beiden Teams damals nicht mitgerechnet werden und auch beide Mannschaften je eines der direkten Duelle während der regulären Saison gewinnen konnten, wird das erste Playoff der NFL-Geschichte in Chicago anberaumt. Doch Mutter Natur macht der Liga fast einen Strich durch die Rechnung, ein Blizzard fegt mitsamt tonnenweise Schnee durch die »Windy City« und macht die Austragung im Wrigley Field unmöglich. Somit findet die Partie am 18. Dezember unter dem Hallendach des Chicago Stadium statt. Im Innern des »Madhouse on Madison« müssen etliche Anpassungen vorgenommen werden, so spielen die Teams zum Beispiel auf einem nur 80 Yards langen und 45 Yards breiten Feld anstatt der üblichen 100 und 55 Yards. Die Bears kommen am Ende mit dem kleineren Feld besser zurecht und sichern sich mit einem 9:0 den Titel.

DAS JAHR, IN DEM EIN SPIELPLAN FESTGELEGT WIRD

In der Anfangszeit der NFL organisieren die Mannschaften ihre Spiele noch selbst, manche davon zählen, andere wiederum nicht. Ein geordneter Ligabetrieb? Eher Fehlanzeige. Das ändert sich 1936, als die Liga das erste Mal eine feste Anzahl an Saisonspielen sowie einen geregelten Spielplan festlegt. Alle Mannschaften absolvieren damals zwölf Partien, bevor der Zweite Weltkrieg dazwischenkommt und etliche ligainterne Veränderungen dafür sorgen, dass die Anzahl in den kommenden Jahrzehnten stetig variiert. Von 1961 bis 1977 bestreitet jedes Team 14 reguläre Saisonspiele, danach sind es bis 2020 derer 16. Im Jahr 2021 stockt die NFL ihren Kalender gegen großen Protest vonseiten der Aktiven auf 17 Spiele auf.

FOOTBALL IM FERNSEHEN

Es sind zwei für die damalige Zeit eher fremde, seltsam anmutende Geräte, welche die Seitenlinien des berühmten Ebbots Field in New York entlanggetragen werden. Aber die beiden TV-Kameras, die am 22. Oktober 1939 zum ersten Mal ein NFL-Spiel in die Wohnzimmer Amerikas übertragen, sollen der Anfang einer engen Beziehung zwischen Football und Fernsehen auf Lebenszeit sein. Gerade einmal 500 Leute sehen damals auf NBC den 23:14-Sieg der Brooklyn Dodgers über die Philadelphia Eagles, oder zumindest den Teil, den die Kameras auf Zelluloid festhalten können. Als die Sonne an dem wolkigen Tag hinter dem Stadiondach verschwindet, ist nicht mehr genug Licht da, um im TV-Bild wirklich viel zu erkennen, womit das erste Broadcast mehr oder weniger als Radioübertragung endet. Heute wäre so etwas ein globaler Skandal, wenn man bedenkt, dass zum Beispiel jedes Jahr fast 200 Millionen Menschen den Super Bowl im Fernsehen verfolgen.

73:0

Für die Chicago Bears formt der 8. Dezember 1940 eine wunderbare Erinnerung, holen sie sich an diesem Tag doch mit dem höchsten Sieg der NFL-Geschichte die Ligameisterschaft. Für die Washington Redskins hingegen wird das Heimspiel zum unvergesslichen Albtraum, denn jeder höchste Sieg bedeutet schließlich auch immer einen dementsprechend deutlich Unterlegenen. Dabei gehen die Redskins noch selbstbewusst in das Duell gegen das Team von George Halas, hatten sie die Bears doch kurz zuvor mit 7:3 besiegt. Aber der geballten Power aus Sid Luckman, der berühmten T-Formation und den Tipps von Halas' Freund Clark Shaugnessy, damals Trainer vom College-Meister in Stanford, haben die Hauptstädter an diesem kühlen Dezembertag nichts entgegenzusetzen. Skins-Besitzer George Preston Marshall, der vorher noch abfällig von den Bears gesprochen hatte, sagt hinterher konsterniert: »Unsere Verteidiger sahen aus wie eine Gruppe Jungfern, die versuchen, ein paar Mäuse zu fangen.« Bis heute hat kein Team mehr Punkte als die 73 der Bears in besagtem Finale geschafft, und keine andere Sport-Franchise Amerikas hat je eine Partie deutlicher gewonnen als Chicago damals. Die Bears laufen dabei 53 Mal mit dem Ball über eine Distanz von 381 Yards und profitierten zudem von neun Turnovern ihrer Gegner.

DAS ERSTE LOGO AUF EINEM NFL-HELM

1948 sieht sich Fred Gehrke, Halfback der Los Angeles Rams, die teameigenen Helme an und dreht die damals komplett eintönigen Kopfbedeckungen grübelnd in seinen Händen. Irgendetwas fehlt, denkt sich der Kriegsveteran, der vor seinem Einsatz im Zweiten Weltkrieg Kunst an der University of Utah studiert hatte. Nach Absprache mit Coach Bob Snyder pinselt er zwei Hörner auf ein paar alte College-Helme und präsentiert sie kurz darauf Teambesitzer Dan Reeves. Ihm gefallen die neuen Designs wunderbar, aber er will sich erst bei der Liga vergewissern, ob so etwas denn auch erlaubt sei. Die Antwort der NFL fällt kurz und knapp aus: »Du bist der Besitzer, mach, was du willst.« Gehrke bekommt für jeden bemalten Helm einen Dollar, und bei einem Preseason Game führen die Rams ihre Helme erstmals unter großem Jubel der Öffentlichkeit vor. Schon bald ziehen weitere Teams der Liga nach. Die Logos sind zum damaligen Zeitpunkt bereits Gehrkes zweite bahnbrechende Erfindung. 1946 ist er auch der erste Spieler, der aufgrund einer mehrfach gebrochenen Nase ein Gesichtsgitter aus Aluminium für seinen Kopfschutz designt. Die erste Kreation bedarf allerdings einiger Verbesserung, da sie das Sichtfeld zu den Seiten noch extrem einschränkt.

WIE DAS SPIELGERÄT SEINEN SPITZNAMEN BEKAM

So mancher Fan nennt das Spielgerät beim American Football noch heute »Pigskin«, dabei wird der Ball schon lange aus dem Leder von jungen Ochsen gemacht. In der Anfangszeit des Spiels allerdings werden tatsächlich Teile des Schweines als Material verwendet, unter anderem wird die Blase des Tieres mit Luft befüllt. Sind erste Versionen noch eher rund, bekommt der Ball mit Einführung des Forward Pass zusehends seine heutige Form. 1941 beginnt Wilson Sporting Goods den Ball für die NFL in Handarbeit zu produzieren, und seit jenem Jahr trägt das Spielgerät auch den Spitznamen »The Duke«. Tim Mara, Gründer der New York Giants, fädelt damals den Deal zwischen Liga und Hersteller ein, und der Name ist eine Hommage an seinen Sohn Wellington, den er nach dem englischen Adelstitel Duke of Wellington benannt hat (der spätere Besitzer von »Big Blue« verdingt sich in deren erster Saison noch als Balljunge). Nachdem die Liga zwischen 1970 und 2005 den Namen nicht auf den Ball druckt, findet der Spitzname nach Maras Tod 2006 wieder Aufnahme im offiziellen Design.

EIN NFL-BALL IST SEIT JEHER HANDARBEIT

Alle Footballs, mit denen in der NFL gespielt wird, kommen seit 1955 aus Ada, einem kleinen Ort mit ungefähr 5500 Einwohnern im Bundesstaat Ohio. In der Wilson Football Factory werden täglich rund 2500 Bälle und ungefähr 600 000 pro Jahr in jeweils 20 Arbeitsschritten manuell gefertigt, darunter das Zusammennähen und das Überziehen des Leders um die innere Urethanblase. Jenes Leder kommt seit 1941 von der Horween Leather Company aus Chicago, die einst von der Mutter des späteren NFL-Akteurs Arnold Horween gegründet wurde. Jeder Ball hat genau acht weiße Nähte und eine speziell bearbeitete Außenhaut; außerdem trägt das Spielgerät die Unterschrift des NFL Commissioners, was die einzige Variable über die Jahre darstellt. Laut NFL-Regelbuch muss ein Ball zwischen 11 und 11,25 Inches lang sein (28 bis 29 Zentimeter), einen Längsumfang von 28 bis 28,5 Inches haben (71 bis 72 Zentimeter) und soll zwischen 14 und 15 Ounces wiegen (400 bis 425 Gramm).

»MONKEY MAN« JOHNNY UNITAS UND DAS 80-CENT-TELEFONAT

1955 holen die Pittsburgh Steelers einen gewissen Johnny Unitas in der neunten Runde des NFL Draft, entlassen ihn aber nach dem Training Camp aufgrund eines Überangebots auf der Quarterback-Position wieder. Der angehende Vater arbeitet daraufhin als sogenannter »Monkey Man« auf dem Bau, wobei er unter anderem in schwindelerregender Höhe verschiedene Maschinen schmieren muss. Nebenbei spielt er semiprofessionell bei den Bloomfield Rams, bis eines Tages sein Telefon klingelt. Am anderen Ende bietet ihm Don Kellett, General Manager der Baltimore Colts, ein Probetraining an. Die Verpflichtung wird zur einmaligen Erfolgsgeschichte, denn »Johnny U« entwickelt sich zu einem der größten NFL-Spieler aller Zeiten und führt Baltimore zu insgesamt drei Meisterschaften. Wie Kellett hinterher gerne erzählt, hat der dreifache NFL-MVP die Colts lediglich 80 Cent gekostet, was dem damaligen Preis für ein Telefonat von Baltimore nach Pittsburgh entspricht. So ganz stimmt es nicht, denn ein Gehalt bekommt der »Golden Arm« Zeit seiner Karriere natürlich ebenfalls.

DAS BERÜHMTE BILD VON Y.A. TITTLE

Y.A. Tittle, der damals 37-jährige Star-Quarterback der New York Giants und amtierende Liga-MVP, blickt am 20. November 1964 versteinert auf das Feld des Pitt Stadiums, sein gesenkter Kopf ist blutüberströmt. Gerade hat er einen Blindside-Hit von Steelers-Tackle John Baker einstecken müssen und kniet nun abgekämpft vor den vermeintlichen Scherben seiner langen Laufbahn. Tittle ist in diesem Moment ein tragisch-romantisches Symbol für den alternden Helden, der für seinen Sport alles gegeben hat, der aber trotz unzähliger individueller Auszeichnungen nie eine Meisterschaft mit seinen Mannschaften gewinnen kann. Morris Berman von der *Pittsburgh Gazette* lichtet Tittle in diesem besonderen Moment ab und schafft damit ein Jahrhundertfoto. Das Bild wird aber zunächst gar nicht veröffentlicht, Bermans Chefredakteur will lieber ein Foto mit mehr Action in der Zeitung sehen. Hinterher macht es aber bei etlichen Wettbewerben die Runde, gewinnt zahllose Preise und hängt heute neben *Raising the Flag on Iwo Jima* sowie dem *Hindenburg Disaster* in der Lobby der National Press Photographers Association in Durham, North Carolina. Außerdem ist es in der Pro Football Hall of Fame zu bewundern.

AUS ZWEI MACH EINS

An einem sonnigen Tag Mitte der Sechzigerjahre schütteln sich zwei Männer im Schatten der Texas Ranger Statue am Dallas Love Field Airport die Hände, sprechen kurz miteinander und setzen sich dann für einige Stunden auf dem Parkplatz in ein 1966er Oldsmobile. In ihrem Gespräch geht es um nicht weniger als die Zukunft des professionellen Footballs in Amerika. Die Männer sind Lamar Hunt, Besitzer der Kansas City Chiefs, und Tex Schramm, General Manager der Dallas Cowboys; sie legen im Auftrag von NFL Commissioner Pete Rozelle erste Grundsteine für den späteren Merger zwischen der NFL und der AFL. Die beiden verfeindeten Ligen bekriegen sich seit Jahren

und kämpfen mit härtesten Bandagen um die Dienste der besten Spieler des Landes. Am 8. Juni 1966 ist
es dann so weit, NFL und AFL einigen sich auf einen
Zusammenschluss. Nachdem der US-Kongress die
nötigen Anpassungen im Kartellrecht vornimmt, werden viele der heutigen NFL-Standards wie der Super
Bowl, das Playoff-System oder auch die Aufteilung der
beiden Conferences in NFC und AFC auf den Weg gebracht. 1970 ist dann die erste Saison, in der die neue
Liga unter einem Dach operiert.

VON ENGELN UND ÖL

Mitte der Sechzigerjahre bekommt die Stadt New Orleans endlich ihr lange ersehntes Football-Team. In
Anlehnung an die katholische Identität der Stadt sowie dem berühmten Spiritual *When the Saints Go
Marching In* heißt die Mannschaft fortan Saints und
wird wohl nicht ganz zufällig am 1. November 1966 gegründet, an dem die US-Amerikaner ihr Allerheiligen
begehen beziehungsweise *All Saints' Day*. Teamfar-
ben braucht die Franchise auch, und diese sollen ursprünglich den farbenfrohen Karneval Mardi Gras re-
präsentieren. Das Gold kommt genau daher, allerdings

entscheidet man sich als zweite Farbe für Schwarz, weil der erste Besitzer der Saints John Mecom Junior sein Geld mit Öl verdient, dem schwarzen Gold. Sportlich geht es 1967 direkt gut los für das Expansion-Team, als John Gilliam beim ersten Saints-Play überhaupt den gegnerischen Kickoff über 94 Yards zum Touchdown zurückläuft. Danach allerdings folgt ein wenig Ernüchterung, denn es soll 20 Jahre dauern, bis die »Heiligen« das erste Mal die Playoffs erreichen.

EIN NAME FÜR DEN SUPER BOWL

Während der Verhandlungen um den Zusammenschluss zwischen der NFL und der AFL 1966 wird auch über einen Namen für das kommende Endspiel zwischen den beiden Ligen und späteren Conferences diskutiert. Ein Vorschlag lautet »AFL-NFL World Championship Game« und haut – wenig überraschend – kaum einen der Funktionäre vom Hocker. Anders sieht es aus bei der Idee von Chiefs-Besitzer Lamar Hunt, der »Super Bowl« in den Raum wirft. Es ist eine Kombination aus der Namensform der vielen beliebten College Bowl Games und dem »Super Ball«, einem dem Flummi ähnlichen Spielzeugball, den seine und Tau-

sende andere amerikanische Kinder in den Sechziger-
jahren durch die Gegend schmeißen. Festgezurrt ist
der Name damals allerdings noch nicht, offiziell eta-
bliert er sich erst mit dem Finale 1969 zwischen den
New York Jets und den Baltimore Colts.

WENN DAS BLUT IN DEN ADERN GEFRIERT

Der 31. Dezember 1967 ist ein Tag, an dem zugefrorene
Türen im Spielerhotel eingetreten werden, Pfeifen an
den eiskalten Lippen der Schiedsrichter haften bleiben und ein Zuschauer im Angesicht der Kälte sogar
sein Leben lassen muss. Als »Ice Bowl« geht das damalige NFC Championship Game zwischen den Green
Bay Packers und den Dallas Cowboys in die Geschichte
ein und wird für alle Beteiligten zum sportlichen Mar-
tyrium. Ein ausgefallenes Heizsystem unter der Gras-
narbe verwandelt das Lambeau Field in eine knochen-
harte Eislandschaft, auf der die Spieler bei 29 Grad
unter null um jeden Zentimeter ringen. 15 spätere Hall
of Famer stehen in der monumentalen Schlacht ihren
Mann, letztlich siegen die Packers dank eines späten
Touchdowns von Bart Starr mit 21:17. In der Kabine der

Cowboys stellt ihr abgekämpfter Quarterback »Dandy« Don Meredith hinterher treffend fest: »Irgendwie haben wir dieses Spiel nicht verloren, denn die große Leistung, die wir gezeigt haben, ist eine Belohnung in sich.«

NFL-PROFIS IM KRIEGSDIENST

Bob Kalsu hat gerade die 1968er-Saison bei den Buffalo Bills als deren Rookie Of The Year beendet, da zieht der Offensive Lineman im Rahmen eines Reserve-Offizier-Programms mit der 101st Airborne Division in den Vietnamkrieg. Hier lässt er zwei Tage vor der Geburt seines zweiten Kindes am 21. Juli 1970 im Kampf um die Fire Support Base Ripcord sein Leben. Er wird damit für lange Zeit zum letzten US-Sportprofi, der im Krieg fällt, bis 2004 Pat Tillman von den Arizona Cardinals während des Afghanistankrieges im sogenannten *Friendly Fire* ums Leben kommt. Letzterer Fall zieht großes Medieninteresse auf sich, herrscht doch lange Unklarheit um die genauen Umstände von Tillmans Tod, seine Einstellung zum Krieg und die Nachbereitung durch die US-Armee, die den Fall medienwirksam als Propaganda-Instrument einsetzen will.

DER GARANTIERTE SIEG

Es sind Worte, die wohl zu den berühmtesten in der Geschichte des American Football zählen: »Wir gewinnen das Spiel, das garantiere ich.« Joe Namath spricht sie während eines Banketts im Miami Touchdown Club vor dem Super Bowl III und formuliert sein Selbstvertrauen entgegen der populären Meinung, dass seine Jets aus der AFL den favorisierten NFL-Champs Baltimore Colts deutlich unterlegen wären. Die gesamte Woche über hatte er seine Siegessicherheit schon zum Ausdruck gebracht, das Wort »Garantie« als Antwort auf die vollmundige Prahlerei eines Colts-Anhängers verleiht den Aussagen des charismatischen Signal Callers aber neues Gewicht. Namath gibt später zu, dass ihm auf einmal ganz anders wird, als er bei der Seitenwahl seinem Jugendidol Johnny Unitas die Hand schüttelt, aber er ist im Schachspiel mit der Colts Defense trotzdem immer einen Zug voraus. Der 16:7-Sieg der Jets geht als eine der größten Überraschungen in die amerikanische Sportgeschichte ein und legitimiert nicht nur die AFL im Vergleich mit der stärker eingeschätzten NFL, sie rechtfertigt auch das anfängliche Selbstvertrauen von »Broadway Joe«.

MONTAG WIRD NFL-TAG

Lange steht der Sonntag als heiliger Wochentag in unerschütterlicher Beziehung zur NFL, doch Ende der Sechzigerjahre hat ABC-Produzent Roone Alredge eine Idee, welche die Fernsehwelt des Footballs für immer verändern soll. Am 21. September 1970 überträgt sein Sender das erste Monday Night Football Game der Geschichte aus dem Municipal Stadium in Cleveland, mit prominenter Zigarettenwerbung vor dem Anpfiff, dem legendären Howard Cosell in der Kommentatorenkabine und Jets-Superstar Joe Namath auf dem Rasen. Schon damals von der heute unvergesslichen MNF-Musik begleitet, besiegen die Browns ihre Gäste aus New York mit 31:21, der größte Gewinner ist aber das Fernsehen. Vor allem der zeitweise arrogante, dabei aber immer unterhaltsame Ivy Leaguer Cosell sorgt mit seinem pointierten Stil für reihenweise unvergessliche Momente, und aus einem Anfangs belächelten Konzept wird eine nicht mehr wegzudenkende NFL-Tradition. Auch so manch geschichtsträchtiger Moment erhält Einzug. So erfährt die amerikanische Öffentlichkeit zum Beispiel während der Übertragung am 8. Dezember 1980 vom Tode John Lennons. Cosell, der mit Lennon befreundet ist und ihn sechs Jahre zuvor auch bei Monday Night Football interviewt hatte, ringt sich erst zur Verkündigung der schockierenden News durch, weil Co-Kommentator Frank Gifford mit Nachdruck darauf besteht. Er beginnt mit den Worten: »Erinnern wir uns, das hier ist nur ein Football-Spiel, egal, wer gewinnt oder verliert.«

»THE IMMACULATE RECEPTION«

Es sind noch 22 Sekunden zu spielen im AFC Divisional Playoff Game 1972, als Steelers-Quarterback Terry Bradshaw beim vierten Versuch und zehn Yards zu gehen den Snap empfängt. Die Oakland Raiders liegen 7:6 in Führung, gerade so kann Bradshaw ihrem Druck ausweichen. Ein letzter Blick noch, und er wirft zu John Fuqua, der schon den Atem vom »Assassin« Jack Tatum in seinem Rücken spürt. Einen Moment später kracht Tatum in ihn hinein, der Ball hängt für eine kurze Ewigkeit in der Luft und fällt dann in die Hände von Franco Harris. Pittsburghs Fullback rennt über links an den überrumpelten Raiders vorbei, bis er jubelnd die Endzone erreicht. Anschließend entbrennt eine hitzige Diskussion, ob der Ball von Fuqua oder Tatum hochgeprallt ist. Hätte der Steeler den Ball berührt, dann wäre der Spielzug ungültig gewesen. Bis heute ranken sich auf beiden Seiten etliche Legenden um die »Immaculate Reception«, eine der berühmtesten NFL-Szenen aller Zeiten. »Sie ist entweder die größte Aktion in der Geschichte des Footballs oder aber das Verbrechen des Jahrhunderts«, resümiert Hall-of-Fame-Autor Ray Didinger, wie weit die Meinungen zu dem unvergesslichen Play auseinandergehen.

DIE PERFEKTE SAISON

17 Mal betreten die Miami Dolphins in der NFL-Saison 1972 das Feld, 17 Mal verlassen sie es als Sieger. Bei ihrem letzten Erfolg des Jahres im Super Bowl VII gegen die Washington Redskins tragen sie neben ihrem Coach Don Shula auch die Unsterblichkeit auf ihren kräftigen Schultern. Es ist ein Nimbus, den sie bis heute jährlich mit Champagner begießen, wenn das letzte ungeschlagene NFL-Team eine erste Niederlage kassiert. Ihre perfekte Saison scheint unmöglich, als Rams-End Deacon Jones Star-Quarterback Bob Griese in Week Five zu Boden bringt, der sich bei der Aktion einen Knöchel auskugelt und das rechte Bein bricht. Aber Veteran Earl Morrall übernimmt bis zum

AFC Championship Game und führt eine eingeschworene Truppe von Sieg zu Sieg. Die »No Name Defense« macht sich immer wieder einen Namen, das Laufspiel um den bulligen Larry Csonka rammt den Ball Meter um Meter nach vorne, und explosive Athleten wie Mercury Morris oder Paul Warfield sorgen für besondere Momente auf der Außenbahn. Zum Ende hin wird es dabei regelmäßig eng. Die »Fins« gewinnen ihre Playoffs insgesamt nur mit 17 Punkten Vorsprung, aber es sind am Ende genug für die Perfektion. 2006 schicken sich die New England Patriots an, Miamis Rekord zu brechen, doch resolute New York Giants beenden ihren Traum im Super Bowl und halten damit den Nimbus der Dolphins am Leben.

DIE BESTE DRAFT-KLASSE ALLER ZEITEN

Manchmal brauchen NFL-Teams Jahre, um überhaupt einen Spieler im Draft zu finden, der es irgendwann einmal in die Pro Football Hall of Fame schafft. Die Pittsburgh Steelers beweisen mit ihren Picks im Jahr 1974 ein glückliches Händchen, denn sie wählen nicht nur einen, sondern gleich vier Hall of Famer in ein und demselben Draft. Sie ziehen Receiver Lynn Swann mit dem 21. Pick, holen Linebacker Jack Lambert mit Pick Nummer 46, dann Swanns Positionskollegen John Stallworth an Position 82 und schließlich Center Mike Webster in der fünften Runde mit Pick 125. Alle diese vier Spieler werden integrale Bestandteile der folgenden Steelers-Dynastie, während der die Franchise vier Super Bowls in sechs Jahren gewinnt.

DER MANN, DEN SIE »SWEETNESS« NANNTEN

Lange bevor Michael Jordan die Sportwelt mit seinem berühmten »Flu Game« in den NBA Finals 1997 verblüffen sollte, können die Fans in Chicago schon eine andere ähnlich beeindruckende Höchstleistung trotz grippalem Infekt bewundern. Am 20. November 1977 liegt Walter »Sweetness« Payton noch eine Stunde vor Spielbeginn zitternd und in Handtücher gehüllt auf dem Boden des Chicago Bears Locker Rooms, das Duell mit den Minnesota Vikings scheint aufgrund hohen Fiebers unmöglich. Aber Payton folgt seinem Lebensmotto »Never die easy«, schleppt sich hinaus auf das Feld und liefert ein Spiel für die Ewigkeit. Mit 275 Yards bricht er den Single Game Rushing Rekord von O.J. Simpson, der diesen vier Jahre zuvor mit 273 Yards am Thanksgiving Day gegen Detroit aufgestellt hatte. Es ist eines von vielen Highlights in Paytons Karriere, dessen Ende er 1987 mit den damals meisten Rushing Yards, einem Super-Bowl-Ring sowie einem fast mystischen Erbe veredelt.

DIE CARDINALS SIND AM LÄNGSTEN DABEI

Die heutigen Arizona Cardinals werden 1898 an der Chicagoer Southside als »Morgan Athletic Club« gegründet und sind damit das am längsten durchgehend aktive professionelle Football-Team in Amerika. Ihren Namen bekommen sie aufgrund ihrer roten Trikots, die der damalige Besitzer Chris O'Brien gebraucht von der University of Chicago kauft und deren Farbe an das Federkleid des amerikanischen Rotkardinals erinnert. In ihrer mehr als hundertjährigen Geschichte tragen die »Cards« ganze acht verschiedene Namen. Unter anderem heißen sie für ein Jahr Racine Normals, gewinnen zwei NFL-Meisterschaften (1925, 1947) und unternehmen gleich zweimal einen umfassenden Umzug.

1960 geht es von Chicago nach St. Louis, bis 28 Jahre später Arizona die neue Heimat der »Redbirds« wird. Stand 2021 durchlaufen sie die längste Titeldurststrecke im amerikanischen Sport und warten seit 1947 auf eine weitere Meisterschaft.

VON DER STRAßE IN DIE NFL

Nachdem sich die NFL-Besitzer und die Spielergewerkschaft NFLPA 1987 nicht auf ein neues Collective Bargaining Agreement einigen können, treten die Profis in Woche zwei der 1987er-Saison in den Streik. Auf einmal droht der Liga ein Fiasko, doch die Teams behelfen sich mit allerlei Aushilfspersonal, sogenannten »Replacement Players«. Diese arbeiten einen Tag noch auf dem Bau, im Lieferwagen oder hinter dem Tresen einer Bar, um am nächsten Morgen in voller Montur als NFL-Profi auf dem Feld zu stehen. Einige Mannschaften können noch auf bewährte Kräfte zurückgreifen, da ungefähr 15 Prozent der angestammten Profis zu Streikbrechern werden. Besonders die Dallas Cowboys behalten mit Hall of Famern wie Tony Dorsett und Randy White noch einiges an Schlagkraft im Kader. Im letzten Spiel vor Streikende unterliegen sie trotzdem den komplett aus Reservisten bestehenden Washington Redskins im eigenen Stadion mit 7:13. »Ganz ehrlich, wir hatten eigentlich nicht den Hauch einer Chance«, lacht Head Coach Joe Gibbs hinterher. Die Kohlen aus dem Feuer für die Hauptstädter holt während der Partie Quarterback Tony Robinson, der noch wegen Kokainhandels im Gefängnis sitzt und lediglich für kurze Zeit Ausgang hat.

NEW YORK FOOTBALL GIANTS INC.

Oft hört man Fernsehkommentatoren, Medienvertreter oder Offizielle von den New York Football Giants sprechen. Was im ersten Moment wie eine umständliche und unnötige Betonung daherkommt, hat aber tatsächlich einen historischen Hintergrund. Bis 1957 gibt es nämlich zwei New Yorker Sportteams, die auf den Namen »Giganten« hören – einmal die NFL-Version und dazu die lange vorher aktiven Giants aus der Major League Baseball. Letztere siedeln zwar schließlich nach San Francisco um, doch der offiziell eingetragene Name des Football-Teams bleibt bis heute die etwas längere Version inklusive Erwähnung der Sportart.

DIE EVOLUTION DER REGELN

American Football im 19. Jahrhundert war ein ganz anderes Spiel, als es das heute ist, und über die Jahre haben sich vor allem die Regeln in trauter Zweisamkeit mit dem sportlichen Geschehen weiterentwickelt. In der Anfangszeit zum Beispiel dürfen die Spieler nicht nach vorne passen, und ein Touchdown bringt nur vier Punkte, ein Field Goal dafür aber fünf. Die Sudden Death Overtime gibt es seit 1941, und neun Jahre später erst ist es NFL-Teams erlaubt, beliebig viele Akteure ein- und auszuwechseln. Bis 1970 findet man keine Spielernamen auf den Trikots, bis man sich eben jenes Vorgehen von der AFL abguckt. Vier weitere Jahre dauert es, bis die Liga die Torstangen von der Goal Line ans Ende des Feldes versetzt, unter anderem weil die vorige Position im Super Bowl VII einen möglichen Touchdown der Washington Redskins verhindert. Es dauert dazu eine Weile, bis die Sicherheit der Spieler wirklich als eine oberste Priorität angesehen wird. So dürfen Verteidiger bis 1980 noch Schläge gegen den Kopf ausführen, und bis 2005 ist sogar noch der sogenannte Horse-Collar-Tackle per Griff im Nackenbereich erlaubt. Zwei weitere bahnbrechende Neuerungen stammen aus den Neunzigerjahren: 1994 führt die NFL die Two Point Conversion ein, und 1999 markiert die Saison, von der an Coaches mithilfe einer Challenge ein Instant Replay für wichtige Spielzüge fordern können. Letzteres schaut man sich in den Achtzigerjahren bei der später aufgelösten Konkurrenzliga USFL ab.

MEHR GELD GIBT ES NICHT

1993 einigen sich die Besitzer der NFL und die Spielergewerkschaft nicht nur auf eine unlimitierte Free Agency für die Spieler, bei der sie nach Ablauf eines Vertrages frei über neue Arbeitspapiere verhandeln können, sondern auch auf eine erstmalige Implementierung einer Gehaltsobergrenze für die Liga. Sie wird zur 1994er-Saison eingeführt und liegt im ersten Jahr bei 34,6 Millionen US-Dollar, die den Teams für ihre Kader zur Verfügung stehen. Fundamental liegt diesem finalen Wert eine finanzielle Beteiligung der Spieler an den Einnahmen der Liga zugrunde. Wenn es also der Liga wirtschaftlich gut geht, soll es auch seinen Hauptakteuren gut gehen. 2020 erreicht die Salary

Cap ihren vorläufigen Höhepunkt mit gut 198 Millionen US-Dollar, bevor es aufgrund der Einbußen durch die Covid-19-Pandemie erstmals in ihrer Geschichte von einem Jahr auf das andere fällt.

DER HELM DES HIMMELS

35 Yards segelt der Ball durch die Luft, David Tyree steigt hoch und streckt sich. Auf seinem Rücken hängt ähnlich einem Rucksack Safety Rodney Harrison, und doch bekommt es der Giants-Receiver irgendwie hin, den Ball an seinen Helm und schließlich in beide Hände zu drücken. Kurz darauf marschiert »Big Blue« in die Endzone und macht damit den Sieg über die ungeschlagenen New England Patriots in Super Bowl XLII perfekt. Tyrees »Helmet Catch« wird zum Jahrhundert-Moment und trägt den Namen des Ergänzungsspielers für immer in die Geschichtsbücher ein. Er hat vor dem Spiel in der regulären Saison gerade einmal vier Pässe über 35 Yards gefangen und verdient sich seine Sporen eigentlich als Special-Teams-Experte. Neben seinem ungewöhnlichen Fang gelingt ihm im Endspiel sogar noch ein Touchdown in Halbzeit eins, den

er zusammen mit seinem ikonischen Play seiner kurz zuvor verstorbenen Mutter widmet. Der Helmet Catch soll der letzte gefangene Ball überhaupt in Tyrees Karriere sein, die er 2009 nach einem kurzen Intermezzo bei den Baltimore Ravens beendet.

DIE NFL GOES ÜBERSEE

Wie viele andere große Sportligen auch weitet die NFL irgendwann ihren Blick über die nordamerikanischen Grenzen hinaus. Nach zahlreichen Exhibition Games auf internationalem Boden, unter anderem in Berlin und München, findet 2005 erstmals ein reguläres Saisonspiel nicht in den USA statt. Unter dem Label *Fútbol Americano* duellieren sich am 2. Oktober die Arizona Cardinals und die San Francisco 49ers im Estadio Azteca in Mexico City. Der 31:14-Sieg der Cardinals ist aber erst der Anfang für eine ganze International Series, die neben vereinzelten Events in Kanada von 2007 an mit jährlichen Spielen in London aufwartet. Die Spiele finden dabei im Wembley Stadium, im Twickenham Stadium und im Tottenham Hotspur Stadium statt. Von 2016 bis 2019 gibt es zusätzlich jeweils ein Spiel in Mexiko, die sogenannten Mexico Games. Zeitweise kommt sogar einmal die Idee auf, eine Franchise dauerhaft in England operieren zu lassen, die aber aufgrund extremer logistischer Herausforderungen bisher nicht weiter verfolgt wird. Ab 2022 sollen NFL-Spiele auch auf deutschem Boden stattfinden, als Austragungsorte hält die Liga zunächst München, Frankfurt oder Düsseldorf am geeignetsten.

SECOND DOWN

WAHNSINNIGE TYPEN UND SCHILLERNDE PERSÖNLICHKEITEN

DER GROßE VINCE LOMBARDI

Nicht umsonst benennt die National Football League die Super-Bowl-Trophäe nach diesem Mann: Vince Lombardi. Wenige haben den Sport in ihrer Funktion als Coach dermaßen geprägt wie der Sohn eines italienischen Schlachters aus Brooklyn, der neben fünf Meisterschaften mit den Green Bay Packers zusätzlich auch kulturell immensen Einfluss auf das Amerika seiner Zeit nimmt. Legendär ist sein Einsatz für soziale Gerechtigkeit zu Zeiten der Rassentrennung in den USA, wodurch auch sein Team zum gesellschaftlichen Vorbild wird. »Für mich sind meine Spieler nicht schwarz oder weiß, sondern grün wie alle Packers«, sagt er einst voller Überzeugung. Das Trainingsregime des empathischen Lehrmeisters kennzeichnet sich durch herzerfüllte Leidenschaft sowie knallharte Disziplin und holt alles aus den Spielern heraus, am Stolz gepackt zerreißen sie sich für Lombardi und das Team. Fundament seiner Taktik ist der berühmte »Packers-Sweep«, ein Laufspielzug mit angreifenden Guards, bei dem die fulminanten Backs Jim Taylor und Paul Hornung über die Außen »ins Tageslicht« laufen sollen. Mitfiebernd wacht der aufbrausende Lombardi stets von der Seitenlinie über jene Plays und marschiert unermüdlich über den eisigen Boden des Lambeau Field. Heute noch schreitet er so durch die Erinnerung und Herzen vieler Football-Fans Amerikas, auch Generationen nach seinem tragischen frühen Krebstod im Alter von 57 Jahren. Selbst am Sterbebett spricht damals sein Siegeswille aus ihm: »Ich habe keine Angst zu sterben, aber ich bereue es, nicht mehr erreicht zu haben.«

»SLINGIN´ SAMMY« KANN ALLES UND NOCH MEHR

Vielseitigkeit ist in der NFL ein hohes Gut, und es gibt wohl wenige Spieler, die variabler sind als der legendäre Sammy Baugh. Seinen Spitznamen »Slingin' Sammy« erhält der für seine O-Beine bekannte Top-Athlet beim Baseball, wo er vor seiner Football-Karriere bei den St. Louis Cardinals unter Vertrag steht. In der NFL wird er zum wandelbaren Superstar und führt die Liga 1943 direkt in drei völlig unterschiedlichen Kategorien an: Bei der Passquote (55,6 Prozent), dem Punt-Durchschnitt (45,9 Yards pro Punt) und den Interceptions (elf). Sein bestes Spiel macht er am 14. November gegen die Lions mit vier Touchdown-Pässen, vier Interceptions und einem 81-Yard-Punt. »Man muss sich Tom Brady, Brian Moorman und Ed Reed in einer Person vorstellen, was ein ziemlich unglaublicher Spieler ist«, sagt der große Bill Belichick einst über Baughs Heldentaten. Nebenbei verdient sich Baugh auch noch Geld als schauspielender Cowboy in der TV-Serie *King Of The Texas Rangers*. Am wohlsten fühlt sich der gebürtige Texaner allerdings zu Hause auf der eigenen Ranch, und in einem zweiten Leben hätte er nach eigenen Angaben wahrscheinlich ganz auf den Sport verzichtet, so sehr hängt sein Herz an der Landwirtschaft.

JOHN SMITH & SEINE INITIATIVBEWERBUNG

Anfang der Siebzigerjahre arbeitet John Michael Smith nach einer dreijährigen Ausbildung am King Alfred's College als Lehrer in seiner Heimat England. Auf der Suche nach einer neuen Herausforderung zieht es ihn in die USA, und als talentierter Fußballer denkt er sich, warum soll ich nicht auch mal die amerikanische Version ausprobieren? Er fragt bei den New England Patriots nach einem Vorspieltermin und überzeugt die

Verantwortlichen des Teams mit seinem kräftigen linken Fuß. Zehn Jahre später geht er als damals zweitbester Scorer der Pats in Rente. Well done, Lad!

EIN NFL-GEHALT, DAS LEBEN RETTET

Jim Marshall ist während seiner NFL-Karriere einfach nicht kleinzukriegen. Das Mitglied der »Purple People Eaters« bei den Minnesota Vikings spielt mehr komplette Saisons als jeder andere Verteidiger der Ligageschichte und steht in 282 aufeinanderfolgenden Spielen seinen Mann (ein zeitweiliger NFL-Rekord). Fast wäre es damit allerdings nichts geworden, denn im Januar 1971 überrascht ein Blizzard Marshall sowie 15 weitere Teilnehmer einer Schneemobiltour durch Wyoming und Montana. Marshall findet mit einigen Mitstreitern Schutz in einer Baumgruppe, und sie überleben die eiskalte Nacht dank eines kleinen Feuers, welches sie mithilfe von Geldscheinen aus Marshalls Portemonnaie sowie Seiten aus seinem Scheckbuch entzünden. Am kommenden Tag werden sie von einem Suchtrupp aufgegabelt. Die Redewendung »Geld verbrennen« hat seit diesem Tag für Marshall wohl eine ganz neue Bedeutung.

DIE OBERSCHENKEL VON EARL CAMPBELL

Noch heute folgt dem Namen Earl Campbells das Echo seiner wuchtigen Schritte, mit denen die »Tyler Rose« von den glänzenden Rosenfeldern seiner Heimat in die Albträume jeglicher Verteidiger seiner Zeit läuft. Wenn der in Armut aufgewachsene State Hero an der University of Texas oder später in der NFL den Ball nach vorne rammt, stellt er nicht nur die gegnerischen Defensivreihen vor enorme Schwierigkeiten. So erzählt ein Equipment-Hersteller zu Campbells Hochzeiten bei den Houston Oilers einmal von den besonderen Herausforderungen, die mit der Ausstattung des Powerbacks einhergehen: »Wir machen hier bei uns vier Größen an Beinschonern – Small, Medium, Large und Earl Campbell.« 90 Zentimeter soll der Umfang der Hall-of-Fame-Oberschenkel betragen, ein Wert, der den verzweifelten Tacklern, die sich ihm in den Weg stellen, viel zu klein vorkommt.

VOM SUPERMARKT IN DEN SUPER BOWL

Kurt Warners Karrieretraum scheint schon in seinem ersten Ligajahr nach der Entlassung bei den Green Bay Packers ausgeträumt. Er räumt kurz darauf für fünfeinhalb Dollar die Stunde Regale in einem Supermarkt ein, schiebt etliche Nachtschichten und wohnt mit seiner Freundin im Keller ihrer Eltern in Cedar Falls, Iowa. »Das nagt wirklich an deinem Stolz«, räumt Warner später ein, wohl wissend, dass sich die Dinge ändern sollen. Nach Engagements bei den Iowa Barnstormers in der Arena Football League und den Amsterdam Admirals in der NFL Europe bekommt er eine letzte Chance auf der großen Bühne, als ihn die St. Louis Rams 1998 als Backup unter Vertrag nehmen. Nach einer Verletzung von Starter Trent Green schreibt Warner im Jahr darauf eine der größten Aschenputtel-Geschichten im amerikanischen Sport, denn er führt eine fulminante Offense der Rams namens »Greatest Show On Turf« zum Super-Bowl-Sieg. Selbst gewinnt der siebenfache Vater zwei MVP-Awards und spielt in zwei weiteren Endspielen. 2009 beendet der Hall of Famer schließlich die Karriere, von der er irgendwie immer geträumt hat, die aber ganz anders verläuft, als er es sich je hätte vorstellen können.

DER »KANSAS COMET«

Mike Ditka hat in seinem Leben viele Spieler kommen und gehen sehen, einen erachtet er aber als den besten aller Zeiten – Gale Sayers. Mit unverwechselbarer Geschwindigkeit sowie einer graziösen Beweglichkeit fliegt er zu seiner aktiven Zeit über die Felder der NFL und hält noch heute mit einem Karrieredurchschnitt von 30,6 Yards den NFL-Rekord für Kickoff-Returns. Besondere Aufmerksamkeit zieht auch die geradezu rührende Freundschaft zu seinem Teamkollegen Brian Piccolo auf sich. Ende der Sechzigerjahre trotzen die beiden gemeinsam den Vorurteilen der Rassentrennung, werden zum Symbol für Gemeinsamkeit und stützen sich gegenseitig in schweren Zeiten. Piccolo stirbt schon im Alter von 26 Jahren auf tragische Weise an einem unheilbaren Krebsgeschwür, Sayers gibt bei seiner Beisetzung einen seiner Sargträger. Ihre Freundschaft wird im preisgekrönten Film *Brians Song* verfilmt, der noch während Sayers' aktiver Karriere in die Kinos kommt. Verletzungen nehmen dem

»Kansas Comet« schon früh seine Magie, dennoch schafft er es als bis heute jüngster Spieler im Alter von nur 34 Jahren in die Hall of Fame. Das älteste Mitglied im Jahr seiner Aufnahme ist 2015 übrigens NFL-Films-Begründer Ed Sabol, der mit 94 Jahren der Ruhmeshalle des Sports beitritt.

DER SONNTAG GEHÖRT DER KIRCHE

Eli Herring ist Mitte der Neunzigerjahre ein talentierter Offensive Tackle an der Brigham Young University und hat trotz eines mehrjährigen Missionarsaufenthalts in Argentinien gute Chancen, früh im NFL Draft 1995 gezogen zu werden. Es gibt aber eine kleine Hürde. »Sonntag ist Kirchentag, und dieser ist mir heilig«, sagt Herring und unterstreicht, dass er sich für seinen Glauben und gegen die Arbeit am letzten Tag der Woche entscheiden will. Er schreibt daraufhin allen Teams einen Brief und teilt ihnen mit, dass er kein Football mehr spielen möchte und sie ihn bitte nicht auswählen sollen. Den Raiders sind diese Worte egal, sie schnappen sich Herring in der sechsten Runde. Auch ein Vertragsangebot über 1,5 Millionen US-Dollar kann den gläubigen Christen nicht umstimmen. Heute arbeitet der siebenfache Vater als Lehrer und High-school-Assistenztrainer für die Mountain View High in Orem, Utah. Mit deren Spielplan gibt es keine Probleme, schließlich finden Highschool-Spiele in den USA traditionell am Freitag statt.

70 ROHE EIER, HOLLYWOOD UND EIN NFL-REKORD

Fred Dryer ist im Laufe seiner Karriere ein gefürchteter Pass Rusher, zunächst im Trikot der New York Giants und später bei den L.A. Rams. Am 21. Oktober 1973 bringt er die Packers-Quarterbacks Scott Hunter und Jim Del Gaizo kurz aufeinanderfolgend in ihrer Endzone zu Fall und wird damit zum bisher einzigen Spieler der Geschichte, dem zwei Safetys in einer Partie gelingen. Aber der groß gewachsene Sonnyboy aus Kalifornien (1,98 Meter) hat noch eine Menge mehr zu bieten: Er ist begeisterter Fitness-Freak, verschlingt zeitweise 70 rohe Eier pro Woche, berichtet als kostümierter Spaß-Reporter »Scoops Branningan« vom Super Bowl IX, ist ein paar Jahre mit dem *Playboy*-Covermodel Tracy Vaccaro verheiratet und startet nach der Sportlerkarriere eine Laufbahn in Hollywood. Er spielt unter anderem in einigen Folgen von *Cheers* und wird gefeierter Hauptdarsteller in der beliebten Krimi- serie *Hunter*. Ein College-Teamkollege Dryers von den San Diego State Aztecs bringt es ebenfalls zu Schau- spielruhm: Carl Weathers wird unter anderem bekannt als Apollo Creed in der berühmten Rocky-Filmreihe.

TOM »TWO POINT« TUPA

Im NFL Draft 1988 passieren gleich zwei Dinge, die in der modernen Liga undenkbar wären. Zunächst einmal wird kein Quarterback in den ersten beiden Runden gezogen, und dann ist der erste Signal Cal- ler an Position 68 auch noch Punter im Nebenberuf. Sein Name: Tom Tupa. Nach vier Jahren als Backup- Quarterback und einigen punktuellen Starts wechselt er komplett in die Special Teams. Hier darf er immer mal wieder für Trickspielzüge herhalten, so auch am 4. September 1994, als er für die Cleveland Browns in seiner Rolle als Holder die erste Two Point Conversion der NFL Geschichte verwandelt. 1999 macht Tupa sei- nen Arm für die New York Jets noch einmal locker, als bei Starter Vinny Testaverde in einer Partie gegen New England die Achillessehne reißt. Coach Bill Parcells kann im wilden Spiel nach den damaligen NFL-Statuten erst im vierten Viertel seinen eigentlichen Ersatz-Passgeber Rick Mirer einwechseln, ohne dass er vorher Tupa aus dem Spiel nehmen muss. Somit übernimmt Tupa notgedrungen als Quarterback, bringt gegen sein ehemaliges Team sechs von zehn Pässen an den Mann und erzielt zwei spektakuläre Touchdowns. Als Mirer dann im Schlussviertel aufläuft, kann er Tupas Leistung nicht bestätigen und wirft zwei Interceptions auf dem Weg zu einer knappen Niederlage für »Gang Green«. Tupa wird am Ende des Jahres aber immerhin mit seinem einzigen Trip zum Pro Bowl auf Hawaii belohnt.

»PRIME TIME« IN ZWEI SPORTARTEN

Deion Sanders vergnügt sich während seiner Football-Karriere, die ihn bis in die Hall of Fame bringt, nicht nur als Cornerback, Returnspezialist und Wide Receiver auf den Feldern der NFL, er ist gleichzeitig auch noch Outfielder beim Major League Baseball. 1989 gelingt ihm das einmalige Kunststück, einen Touchdown und einen Homerun in derselben Woche zu verbuchen, und sechs Jahre später wird er zum einzigen Profi in der US-Sportgeschichte, der an einer World Series und an einem Super Bowl teilnimmt. Durch das sportliche Doppelleben ist sein Zeitplan teilweise extrem getaktet, so zum Beispiel während der MLB Playoffs 1992 mit den Atlanta Braves. »Neon Deion« spielt am Abend des 10. Oktober mit den Braves in Pittsburgh, läuft am nächsten Mittag für die Atlanta Falcons in Miami auf und jettet direkt nach Spielschluss wieder nach Pennsylvania, um Abends bei Spiel fünf der National League Championship Series mitzuwirken. Er selbst sagt über die zwei Herzen in seiner Brust einmal: »Ich bin mit dem Football verheiratet, aber die Baseballsache ist meine Geliebte.«

EIN MANN AUS BETON

Sie nennen ihn zu Lebzeiten »Concrete Charlie« (»Beton Charlie«), nicht nur weil Charles Philip »Chuck« Bednarik einer der vielleicht härtesten Spieler seiner Zeit ist, er verkauft obendrauf auch noch Beton in der spielfreien Zeit. Der Sohn eines slowakischen Stahlarbeiters aus Bethlehem, Pennsylvania, der als Maschinengewehrschütze in einer B-24 »Liberator« im

Zweiten Weltkrieg diente, wird 1949 von den Philadelphia Eagles an Position eins gedraftet, und fortan mei-
ßelt sich der letzte echte Two-Way-Player der Liga sein
ganz eigenes unumstößliches Denkmal. Als Center
wie als Middle Linebacker lehrt Bednarik seine Gegner
das Fürchten und kennt dabei keine Gnade mit ihnen
oder mit sich selbst. Nicht mal ein gerissener Bizeps
lässt ihn gegen Ende seiner Karriere ein Spiel verpassen, geschweige denn seine in alle Himmelsrichtun-
gen abstehenden Finger, die im Verlauf der Jahre bis
zur Unkenntlichkeit entstellt werden. 1960, im Alter
von 35 Jahren, spielt Bednarik bis auf 90 Sekunden
das gesamte NFL Championship Game gegen die
Green Bay Packers und hat Sekunden vor dem Ende
trotzdem noch genug Puste, um das entscheidende
Tackle gegen Fullback Jim Taylor anzusetzen. Er hält
diesen für einen Moment am Boden, bis keine Sekun-
de mehr auf der Uhr ist. »Du kannst jetzt aufstehen«,
sagt Bednarik zu seinem späteren Hall-of-Fame-Kollegen. »Das Spiel ist vorbei.« Es ist auch nach Bednariks
Tod 2015 immer noch eines der berühmtesten NFL-Zi-
tate überhaupt.

NFL DRAFT 2000, PICK NUMMER 199

Wenn von Tom Brady die Rede ist, dann sind selbst vielen Gridiron-Laien die Geschichten von sieben Super-Bowl-Ringen oder seiner zwei Jahrzehnte andauernden NFL-Dominanz ein Begriff. Dass er erst in der sechsten Runde des 1999er Draft mit dem 199. Pick gezogen wurde, könnte man auch schon mal gehört haben. Es gibt aber noch ein paar andere Fun Facts zu »Tom Terrific«, die ihn zu einer durchaus interessanten Persönlichkeit machen: Die Montreal Expos drafteten ihn einst als Catcher, um für sie Baseball zu spielen, trotz über 300 Millionen Dollar Karriereverdienst rangiert Brady noch weit hinter seiner fast milliardenschweren Ehefrau, Supermodel Gisele Bündchen, und er ist vor seinem ersten Super Bowl in der Kabine eingeschlafen. Seinen legendären Ehrgeiz stellt allerdings heute niemand mehr infrage, nicht nur wegen seiner geradezu asketischen Ernährungsweise. Brady ist nämlich auch ein Spieler, der selbst vor Charity-Spielen gegen Feuerwehrmänner der eigenen Mannschaft eine Motivationsrede hält oder Bretter von Gesellschaftsspielen durch die Kabine pfeffert, wenn er zu verlieren droht. Verstehen kann man es irgendwie, denn wenn es ein Mann nicht gewohnt ist, das Nachsehen zu haben, dann wohl Tom Brady.

DER BRUMMENDE BÄR IN DER MITTE

Wenn die Gegner der Chicago Bears Ende der Sechziger und Anfang der Siebziger vom Feld kommen, berichten sie mit weit aufgerissenen Augen von einem brummenden, knurrenden Schrecken, der in der Mitte des Feldes auf sie wartete. Sein Name: Dick Butkus. Meist kopfüber mit Schlamm beschmiert, ziert das Trikot des bulligen Middle Linebacker regelmäßig das Blut seiner Gegner, das Krachen seiner Hits ist weit über die Dächer des Soldier Field hinaus zu hören. Schwächelnde Bears-Teams und zermarterte Knie rauben dem achtfachen All-Pro die Möglichkeit auf einen Super Bowl oder eine längere Karriere, doch seine neun Jahre in der NFL reichen dennoch, um einen bleibenden Eindruck zu hinterlassen. Allem voran ist es die Furcht, die er in die Gedanken seiner Gegner trägt, um die sich bis heute Legenden ranken. Kein Wunder, sagt der »Maestro of Mayhem« doch über seine eigene Spielweise: »Wenn ich Football spiele, dann versuche ich nicht, vorsätzlich jemanden zu verletzen.

Außer natürlich, es ist wichtig ... Ihr wisst schon, zum Beispiel bei einem Ligaspiel oder so.«

DER GAR NICHT SO BÖSE JOE GREENE

Es ist einer dieser Spitznamen, der in etwa so gut zu einem Footballspieler passt wie das Amen zum Gebet: »Mean« Joe Greene. Sein Geburtsname lautet eigentlich Charles Edward, aber eine Tante ist großer Fan vom Schwergewichtschampion Joe Louis und sieht im Neffen ein Ebenbild des berühmten Boxers. Mit dem zweiten Teil seines Namens hat Joe aber trotzdem immer so seine Schwierigkeiten. »Ich bin eigentlich gar nicht so böse«, schmunzelt der Hall of Famer und erklärt, dass er gerade in jungen Jahren nicht die furchterregende und alles unter sich begrabende Gestalt ist, als die er bei den Steelers bekannt werden soll. In der Highschool wählen ihn seine Mitschüler in seinem Senior Year zum Schülersprecher, doch weil er so schüchtern ist und panische Angst davor hat, vor Leuten zu reden, verzichtet der hünenhafte Athlet. Am College in North Texas lässt der grimmige Defensive Tackle dann allerdings Taten sprechen, und wann immer er einen Angriff zunichtemacht, huldigen ihm speziell für ihn umgedichtete Fangesänge und Reime auf seinen Namen. Die Dominanz der von ihm angeführten Defense in jenen Tagen bringt die ehemaligen North Texas Eagles sogar dazu, sich offiziell in Mean Green umzubenennen.

UNGEDRAFTET IN DIE HALL OF FAME

Als Donnie Shell sich 1974 zum NFL Draft anmeldet, stehen die Chancen für den College-Absolventen der South Carolina State University zahlenmäßig weit besser als heute. Damals läuft das Event noch über 17 Runden, insgesamt finden 442 Spieler bei den Profis ein neues Zuhause. Shell ist dies jedoch zunächst nicht vergönnt, der zu klein geratene Outside Linebacker muss als Free Agent bei den Pittsburgh Steelers unterschreiben. »Ich wog pitschnass vielleicht 85 Kilogramm«, deutet ein grinsender Shell an, woran es gelegen haben könnte, dass die Liga ihn verschmäht hat. Ein Gewerkschaftsstreik gibt ihm extra Zeit zu trainieren, und als ihn die Steelers auch noch zum Safety umschulen, drückt Shell karrieremäßig bald auf das Gaspedal. Seine krachenden Hits werden zur lauten Begleitmusik für die Auftritte des »Steel Curtain«, ihr

Echo hallt bei vier Super Bowl Zeremonien nach. 14 Jahre verbringt er bei den »Black & Gold«, wird für fünf Pro Bowls nominiert und schafft es ins 100th Anniversary Team der NFL sowie in die Hall of Fame. Und somit ein wenig weiter als fast alle 442 Spieler aus dem Draft 1974.

EUER EHREN ALAN PAGE

Wären da nicht die vier verlorenen Super Bowls der Minnesota Vikings in den Siebzigerjahren, dann gäbe es wahrlich nicht viele Dinge, bei denen Defensive Tackle Alan Page nicht in irgendeiner Art und Weise Erster wird oder als Trendsetter fungiert. Das Mitglied der »Purple People Eaters« gewinnt 1971 als Defensivspieler der NFL den MVP Award, was außer ihm bis heute nur Lawrence Taylor vergönnt ist. Er wird außerdem zum ersten NFL Defensive Player of the Year überhaupt, insgesamt gewinnt er den Preis für den besten Verteidiger der Liga zwei Mal. Page, einer von elf Spielern, der in allen vier Super Bowls der Vikes auf dem Feld steht, läuft 1979 auch als erster aktiver NFL-Spieler und mit einem Körpergewicht von 111 Kilogramm einen kompletten Marathon. All das gelingt ihm während einer Profikarriere, in der er nebenbei noch Jura studiert und sich für seine spätere Juristenlaufbahn vorbereitet. 1992 wird Page der erste afroamerikanische Richter am Minnesota Supreme Court und behält diesen Posten bis 2015, als er das gesetzlich festgeschriebene Maximalalter erreicht.

»HIGHWAY 63«

Gene Upshaw, der Stolz von Robstown, Texas, wird zu seiner besten Zeit ligaweit gefürchtet, wenn er bei Running Plays um die Edge gestürmt kommt und als Pulling Guard nach neuen Opfern sucht. »Die Augen der Verteidiger werden plötzlich sehr groß«, sagt Teamkollege Art Shell einst über den Mann, den der oft hinter ihm laufende Runningback Mark van Eeghen in Anlehnung an Upshaws Rückennummer »Highway 63« tauft. Über 15 Jahre pflastert der achtfache All-Pro Straßen für seine Hintermänner und wird mit seinen drei Super-Bowl-Teilnahmen 1967, 1976 und 1980 zum einzigen NFL-Spieler der Geschichte, der in drei unterschiedlichen Dekaden mit dem gleichen Team im Endspiel steht. Nicht zuletzt deshalb ehrt ihn die Liga auch mit einem besonderen Patch auf den Trikots ihrer Spieler, als der Hall of Famer 2008 im Alter von 63 Jahren an Bauchspeicheldrüsenkrebs verstirbt.

DER PENDELNDE PHILIP RIVERS

Philip Rivers ist während seiner Karriere bei den San Diego Chargers lange bekannt für seinen bodenständigen Lebensstil und liebt seinen alten 2008er Ford F250 sowie die dazu passenden abgewetzten Cowboy-Stiefel. Als die Chargers 2017 nach Los Angeles umziehen, findet er in der neuen Heimat kein Haus, was ihm und seiner Familie zusagt, und so bleiben sie kurzerhand in San Diego wohnen. Weil er deshalb täglich ungefähr 140 Kilometer zum Training pendeln muss, unterzieht Rivers seinen Fuhrpark dann auch einem Upgrade. Er lässt einen SUV komplett umbauen und ein Heimkino-System in den hinteren Teil installieren, womit er fortan während der Fahrten sein Videostudium absolvieren kann. »Wenn ich etwas mehr anzuschauen habe, dann hoffe ich immer auf ein wenig Verkehr«, zwinkert der siebenfache Vater und formuliert damit einen Wunsch, der ihm auf den notorisch verstopften Straßen von L.A. sicherlich das ein oder andere Mal erfüllt wird. Anfangs hatte Rivers sogar daran gedacht, dauerhaft einen Helikopter zu mieten, blieb dann aber doch lieber auf der Straße.

HALL OF FAMER DAVID W. GIBSON

Joe Montana braucht nicht lange, bis er sich nach einer erfolgreichen Zeit an der University of Notre Dame, in der er genauso viele Touchdowns wie Interceptions wirft, bei seinem ersten NFL-Team in San Francisco einen Namen macht. Genauer gesagt bekommt er einen Namen, denn die 49ers schreiben im *San Francisco Chronicle* einen Spitznamen-Wettbewerb für ihren Quarterback aus, bei dem Leser einen Alias für den Youngster vorschlagen können. Ein kreativer Kopf merkt an, dass Joe Montana schon wie ein Spitzname klingt und der Signal Caller eher einen normalen Namen wie »David W. Gibson« braucht. Dieser gefällt dem Star so gut, dass er ihn fortan auf seine Namenspalette über seiner Umkleidekabine schreiben lässt. In der Folge geht er dann aber doch unter seinem Geburtsnamen in die NFL-Annalen ein, gewinnt vier Super Bowls, führt seine Teams zu insgesamt 31 Comebacks im vierten Viertel und wird zwei Mal zum wertvollsten Spieler der NFL gewählt.

RASENDER DEFENSIVE LINEMAN

Fletcher Cox von den Philadelphia Eagles verdient sich unter anderem mit seinem schnellen ersten Schritt zahlreiche Pro-Bowl-Nominierungen sowie einen Super-Bowl-Ring, doch auch abseits des Feldes hat der 140-Kilogramm-Koloss einen »need for speed«. Seit Kindestagen liebt er es, an Autos herumzuschrauben, und gründet neben seiner Football-Karriere sogar sein eigenes erfolgreiches Drag-Racing-Team. In der Offseason legt er dort gerne selbst Hand an, auch zu Ehren seines verstorbenen Bruders Shaddrick. Mit ihm hat Cox früher stets an Fahrzeugen gebastelt, doch 2015 stirbt Shaddrick, der ihm stets auch Bruder im Geiste war, überraschend im jungen Alter von 34 Jahren an einem Herzinfarkt.

BAD BOY MIT SCHUTZENGEL

Faustschläge in den Unterleib, Beine stellen, Verdrehen der Facemask – während seiner NFL-Karriere sind Offensive Lineman Conrad Dobler selbst unlauterste Mittel recht, um im Kampf Mann gegen Mann die Oberhand zu behalten. *Sports Illustrated* tituliert den dreifachen Pro Bowler sogar einmal als »dreckigsten Spieler im Profi-Football«, der aber als unfreiwilliger Initiator etlicher Regelverschärfungen über sich selbst mit einem Zwinkern sagt: »Ich habe das Spiel ein bisschen sicherer gemacht.« Um Gegenspieler zu beeindrucken, spielt »Conny« oft mit seinem Bad-Boy-Image, zählt zu den wildesten Party-Animals seiner Zeit und legt sich einmal sogar in einen Sarg, nur um auszuprobieren, wie es sich anfühlt. Nach der Karriere muss er allerdings schwere Schicksalsschläge erleiden. Die alten Football-Wunden zwingen ihn zu neun Operationen, bei denen das komplette Kniegelenk ersetzt wird, sowie zahllosen weiteren Eingriffen. Schmerzmittel gehören zum Alltag, und seine Frau Joy sitzt nach einem Unfall im Rollstuhl. Die Arztrechnungen wuchern ins Unermessliche, sodass Dobler nicht mal mehr die College-Gebühren für seine Kinder Holli und Stephen bezahlen kann. Rettung kommt in Form des berühmten Profigolfers Phil Mickelson, der Doblers Geschichte im Fernsehen sieht und prompt ganz uneigennützig die Studiengebühren für dessen Kinder übernimmt.

MAJOR LEAGUE MAHOMES

Seit er denken kann, schwärmt Chiefs-Quarterback Patrick Mahomes neben dem Football auch für Baseball. Kein Wunder, schließlich tingelt sein Vater Pat senior elf Jahre lang durch die Major League Baseball. Zu Halloween verkleidet sich der Junior sogar einmal als Baseball-Superstar Alex Rodriguez, wird 2014 nach einer starken Highschool-Karriere von den Detroit Tigers in der 37. Runde des MLB Draft gezogen und spielt auch auf dem College noch zeitweise für die Uni-Mannschaft. Letztendlich entscheidet sich Mahomes aber doch für die Football-Karriere, was aufgrund seines Super-Bowl-Rings und dem 503-Millionen-Dollar-Megavertrag bei den Chiefs wie eine ziemlich gute Entscheidung aussieht. So ganz vom Baseball will er dann aber doch nicht lassen und wird 2020 Minderheitseigentümer bei den Kansas City Royals. Seine Frau Brittany kann sportlich übrigens durchaus mithalten. 2017 unterschreibt sie als Fußballerin bei UMF Afturelding auf Island einen Vertrag, gewinnt mit ihrer Mannschaft die Meisterschaft und gründet anschließend in den USA ihr eigenes Fitness-Unternehmen.

DER ECHTE »ROCKY BALBOA«

Beim ersten Saisonspiel 1976 läuft ein schmächtiger Wide Receiver mit der Nummer 83 für die Philadelphia Eagles völlig losgelöst vor dem Kickoff auf das Feld. Erst vor der Tribüne am anderen Ende des Feldes kommt er zum Stehen, zeigt in die durchdrehende Menge und hat beinahe Tränen in den Augen. Es ist nicht lange her, da sitzt Vince Papale als Dauerkartenbesitzer selbst neben den Fans, neben seinem gerührten Vater und etlichen anderen engen Freunden. Ein öffentlicher Tryout bei den Eagles und das Vertrauen von Dick Vermeil machen den 30-jährigen Lehrer, der nur minimale Football-Erfahrung mitbringt, damals aus dem Nichts zum ältesten Rookie der NFL-Geschichte und quasi über Nacht zum Helden Philadelphias. »Ich habe immer davon geträumt, Teil eines Teams zu werden, und ich wollte mein ganzes Leben ein Philadelphia Eagle sein«, sagt der ehemalige Leichtathlet hinterher stolz über seinen unglaublichen Karrieresprung. Mit waghalsigem Special Teams Play sichert sich Papale nicht nur einen Touchdown in seinem Profidebüt, er spielt insgesamt noch drei weitere Jahre in der NFL und wird sogar zum Team Captain. Seine Geschichte kommt 2006 als Film unter dem Namen *Invincible* und mit Mark Wahlberg in der Hauptrolle in die Kinos.

FRITZ POLLARD TRITT HÜRDEN NIEDER

1920 ist Fritz Pollard zusammen mit Bobby Marshall der erste afroamerikanische Football-Profi, als er einen Vertrag bei den Akron Pros unterschreibt. Football-Vater Walter Camp rühmt ihn einst als »den besten Back, den meine Augen je gesehen haben«, und scheint damit gar nicht so Unrecht zu haben. Schon in seiner ersten Saison führt Pollard die Pros zum Liga-titel in der damaligen APFA und wird ein Jahr später als Spielercoach auch der erste schwarze Trainer im Profifootball. Derartige Hürden zu überwinden liegt Pollard im Blut, wird er doch Zeit seines Lebens zum beispiellosen Pionier für Gleichberechtigung. Obwohl er oft unter rassistischer Diskriminierung zu leiden hat – am College darf er zum Beispiel zeitweise nicht im gleichen Hotel wie seine weißen Mitspieler schla-fen –, stellt sich Pollard mutig und furchtlos gegen etliche Missstände in den USA seiner Zeit. Er gründet die erste afroamerikanische Wochenzeitung in New

York und setzt sich dazu als Steuerberater, Kohlehänd-
ler sowie Theateragent explizit für Menschen seiner
Hautfarbe ein. Trotz seiner Verdienste verschwinden
1934 Afroamerikaner aufgrund einer inoffiziellen Ver-
bannung komplett aus der NFL, in der erst zwölf Jahre
später mit Kenny Washington wieder ein schwarzer
Spieler einen Profivertrag erhält.

»KLEINER« MANN GANZ GROß

Als kleiner Junge ist Aaron Donald von den Los Angeles Rams weit von dem Modellathleten entfernt, als
der er heute die Angriffsreihen der NFL in Angst und
Schrecken versetzt. Sein Vater Archie Senior erinnert
die Tage, an denen sein Sohn eher »reserviert, pum-
melig und ein wenig faul« ist, und sein Bruder Archie
Junior vergleicht ihn sogar mit den leicht untersetzten
Zeichentrickfiguren aus der Serie *Familie Feuerstein*.
Ein Kraftraum im hauseigenen Keller ändert alles, und
Aaron stählt fortan seinen Körper, bis dieser aussieht
wie aus mächtigem Fels gemeißelt. Gepaart mit einer
für sein Gewicht aberwitzigen Schnelligkeit macht
Donalds Power seine relativ geringe Körpergröße von
1,85 Meter wett, und er entwickelt sich an der Univer-

sity of Pittsburgh zu einer echten Naturgewalt in der Defensive Line. Auch in der NFL fasst der Tackle sofort Fuß und gewinnt neben sechs All-Pro-Nominierungen gleich drei Mal den Defensive Player of the Year Award für den besten Verteidiger der gesamten Liga.

»MAD MAN JACK«

Oft umwehen ihn eisige Winde im Three Rivers Stadium von Pittsburgh, kristallene Atemwolken schnaubt Jack Lambert in die kalte Luft, während er seinen grimmigen Gefährten Anweisungen entgegen- brüllt. Das schwarze Loch, dort, wo eigentlich seine Vorderzähne sein sollten – es ist für die Quarterbacks seiner Zeit, als würden sie direkt in die Hölle blicken (zeitweise wird er als Mann aus Transsylvania statt Pennsylvania angekündigt). An den Ort, von welchem Jack Lambert scheinbar seinen Weg auf die Felder der NFL gefunden hat. Das Herzstück von Pittsburghs »Steel Curtain« wird mit seiner furchterregenden Aura zum Symbol einer der härtesten Verteidigungen der Ligageschichte, ein Mann, über den »Mean« Joe Greene einmal sagt: »Jack Lambert ist so böse, dass er nicht einmal sich selbst mag.« Es gibt zahlreiche

Legenden um den neunfachen Pro Bowler, vom Ketterauchen beim Krafttraining bis hin zu Kopfstößen gegen Metalltüren, um sich für ein Spiel zu motivieren. Abseits des Feldes ist Lambert aber ein ganz anderer, das Image des fanatischen Wilden nur Fassade. Der hochintelligente Naturfreund arbeitet lange Jahre als Forstbeamter, mag Literatur sowie koreanische Strategiespiele und geht in seiner Rolle als Vorbild für die Jugend komplett auf. Gerade das Vermitteln von Werten und Prinzipien ist ihm stets ein hohes Anliegen. »Ich werde niemals einem Kind den Wunsch nach einem Autogramm abschlagen, aber sie müssen ›Bitte‹ und ›Danke‹ sagen«, so der Hall of Famer.

VATERFIGUR STEFON DIGGS

Stefon Diggs ist 14 Jahre alt, als sein Vater die Hand des Jungen nimmt und ihm ein paar letzte Worte mit auf den Weg gibt: »Kümmere dich um deine Brüder, du musst jetzt ein Mann sein.« Kurz darauf verstirbt Aron Diggs mit nur 39 Jahren an Herzinsuffizienz und hinterlässt ein Vakuum inmitten seiner trauernden Familie. Stefon, den Aron schon mit fünf Jahren beim Football anmeldet und der ihm einst verspricht, dass Schuhkartons voller Briefe von großen Football-Colleges ins Haus flattern werden, nimmt sich sofort die Worte seines Dads zu Herzen. Er wird zur Vaterfigur für seine jüngeren Brüder Darez und Trevon, er kocht, macht mit ihnen Hausaufgaben, gibt als Kind die männliche Bezugsperson, nach der er sich selbst eigentlich sehnt. Vor allem wird er Vorbild. Nach einer erfolgreichen Karriere an der University of Maryland fängt er als aufstrebender Youngster bei den Minnesota Vikings den entscheidenden Pass beim »Minnesota Miracle«, bevor er in Buffalo zum All-Pro-Receiver aufsteigt. Zu diesem Zeitpunkt hat es mit Trevon auch einer seiner jüngeren Brüder in die NFL geschafft, der die Grundlage für seine Karriere bei den Dallas Cowboys immer wieder auf den Einsatz seines älteren Bruders zurückführt.

EIN GOTT BEI DEN CLEVELAND BROWNS

»Jim hatte an Sonntagen das Gefühl, dass er ein Gott war, dass niemand ihm wehtun, ihn einholen oder besser sein könnte als er«, sagt Schauspiellegende Burt Reynolds einst über seinen Freund Jim Brown. Seine

Rekorde lassen das Gefühl wie eine Prophezeiung erscheinen: In neun Jahren führt Jim Brown die NFL für Cleveland acht Mal in Rushing Yards an und beendet seine Karriere als einziger Spieler mit über 100 Yards pro Partie. Getrieben von innerer Wut und ausuferndem Machismo kämpft Brown um jedes einzelne Inch dieser Yards und nimmt sich vor, dass schon der bloße Versuch eines Tackles gegen ihn schmerzen soll. Ein Jahr, nachdem der stolze Armeereservist mit den Browns die NFL Championship gewinnt, beendet er 1965 seine sportliche Laufbahn und startet eine erfolgreiche Karriere als Hollywood-Schauspieler. Hier lernt er auch Burt Reynolds kennen, der daher so manches über ihn zu erzählen weiß.

DER LIEBENSWERTE LEFT TACKLE

Offensive Lineman sind nicht sehr oft im Rampenlicht, aber in Wisconsin gibt es einen lebensfrohen Hünen, den man in Zeiten von Social Media nur schwer übersehen kann. Egal, ob David Bakhtiari gerade Bier bei Heimspielen der Milwaukee Bucks hinunterstürzt und damit zu einer Art inoffiziellem Maskottchen der NBA Champions wird oder ob er im feinen Zwirn beim

Kentucky Derby auftaucht, der Left Tackle mit isländisch-iranischen Wurzeln sorgt gerne für gute Stimmung. So tritt der umtriebige Philanthrop mit Sinn für das Gemeinwesen bei den Packers eine Hysterie für das Brettspiel *Die Siedler von Catan* los und lockert mit wöchentlichen Scherzen stets die Laune im Team. Seinen Quarterback Aaron Rodgers freut aber am meisten, dass sich der All-Pro Bakhtiari so gut wie kaum ein zweiter Tackle der NFL um die Blindside seines Quarterbacks kümmert. Diesen Service lassen sich die Packers auch einiges kosten und gewähren Bakthiari 2020 einen neuen Vertrag über vier Jahre oberhalb der 100-Millionen-Dollar-Grenze, den zu der Zeit höchsten Vertrag aller Zeiten für einen Offensive Lineman.

»THE GRONK«

Rob Gronkowski ist ohne Zweifel einer der besten Tight Ends, die jemals das Feld in der National Football League betreten haben. Mit den New England Patriots und den Tampa Bay Buccaneers sammelt er im Lauf seiner Karriere vier Super-Bowl-Titel und ist Mitglied im 2010s All Decade Team der Liga. Aber den »Gronk«

macht weit mehr aus als seine reine sportliche Leistung, wie er selbst am besten zu berichten weiß. »Yo soy fiesta«, auf Deutsch in etwa »Ich bin Party«, so beschreibt er sich einst in einem Interview mit einem spanischsprechenden Reporter und unterstreicht, warum von ihm wohl mehr freizügige Bilder im Internet zu finden sind als in der Cloud einer entfesselt feiernden Abschlussklasse. Neben Party-Marathons vergnügt sich Gronk beim WWE Wrestling, wo er für einige Zeit den 24/7-Titel trägt, in TV-Shows wie *Entourage* oder bei diversen Entertainment-Formaten wie *The Masked Singer*. Ebenso versprüht er seine positive Lebenseinstellung bei zahllosen gemeinnützigen Initiativen und setzt sich vehement für krebskranke Kinder ein. »Gronk« zu sein, das wird dabei geradezu zu einem Lebensmotto, einem echten Kulturphänomen. Wie anders ließe es sich erklären, dass selbst der große Tom Brady über seinen langjährigen Freund sagt: »In unserem zweiten Leben wünscht sich jeder von uns, Gronk zu sein.«

DER ULTIMATIVE ANFÜHRER

Sein Blick durchbohrt seine Gegenüber, wie er selbst immer wieder die Line of Scrimmage durchstößt, funkelnde Emotion lodert in seinen fast manischen Augen. Und wann immer Ray Lewis auch nur den leisesten Ton sagt, hören ihm seine Mitspieler zu, warten auf Anweisungen ihres Anführers, dem sie bis ans Ende der Welt folgen würden. Leise sind seine Töne aber wahrlich nie, weder als er die Rolle seines abwesenden Vaters übernimmt, noch als er an der University of Miami zum College-Star reift. Für fast zwei Jahrzehnte gibt er danach den Baltimore Ravens ein leidenschaftliches Gesicht und entwickelt sich mit dynamischer Athletik, gnadenloser Härte sowie einem sechsten Sinn für die Angriffstaktik der gegnerischen Offense zum geradezu zeitlosen Linebacker. »Es gibt ein Geheimnis für harte Hits«, sagt der zehnfache All-Pro. »Du musst jede Faser deines Körpers opfern, das entscheidet, ob du vor- oder zurückgehst.« Für den strenggläubigen Lewis geht es meistens nach vorne, er gewinnt mit Baltimore zwei Super Bowls, wird zwei Mal zum besten Verteidiger der Liga gewählt und beendet seine Karriere mit den meisten Tackles in der NFL-Geschichte (2059).

DER ETWAS ANDERE ARZT

Die Patienten des Langzeitpflegeheims CHSLD Gertrude-Lafrance bei Quebec durchleben 2020 nach ihrer Covid-19-Infektion einen typisch schweren Krankenhausalltag. Einer der Ärzte hat allerdings einen ganz besonderen Mutmacher dabei: seinen Super-Bowl-Ring. Laurent Duvernay-Tardif, damals bei den Kansas City Chiefs, hat ein abgeschlossenes Medizinstudium in der Tasche und meldet sich mit Pandemiebeginn sofort für den freiwilligen Dienst in seiner kanadischen Heimat. Der mit 1,96 Meter und 146 Kilogramm wohl zeitweise bulligste Arzt Kanadas verzichtet komplett auf die 2020er-Saison mit den amtierenden Super Bowl Champions und verschreibt sich ausschließlich an dem Dienst für die Allgemeinheit. Sein Land dankt es ihm mit dem Lou Marsh Award für den besten Sportler Kanadas, und auch das Magazin *Sports Illustrated* ernennt ihn zu seiner Sportsperson of the Year. Chapeau!

THIRD DOWN

DOWN

REKORDE UND MEILENSTEINE

DIE SCHWIERIGKEIT MIT DEM SACK-REKORD

In der Saison 2001 bringt es Michael Strahan von den New York Giants auf beeindruckende 22,5 Sacks und stellt damit einen offiziellen NFL-Rekord auf. Die Marke ist allerdings umstritten, nicht nur, weil Strahan den letzten Sack quasi von seinem Kumpel Brett Favre »geschenkt« bekommt, als dieser einen Bootleg in seine Richtung läuft und dann durchaus dankbar zu Boden geht. Mancher Experte sieht aus diesem Grund Reggie White als legitimen Sack-König an, dabei rangiert er mit 21 Sacks in einer Spielzeit auf der ewigen Liste zusammen mit Chris Doleman lediglich auf einem geteilten Rang fünf (hinter Jared Allen und Mark Gastineau mit 22 Sacks in einer Saison). 1987 braucht er allerdings nur zwölf Spiele für seine Takedowns des gegnerischen Quarterbacks. Inoffiziell gilt heute aber die Rookie-Saison von Al Baker als das Maß aller Dinge, denn der End der Detroit Lions schafft 1978 sogar einen halben Sack mehr als Strahan im nächsten Jahrtausend. Das Ärgerliche für Baker ist, dass die NFL den Sack erst vier Jahre später als offizielle Statistik einführt und sein Rekord somit lediglich 2021 nach einer Studie von Pro Football Reference als inoffiziell anerkannt wird.

DER KLEINSTE MANN DER NFL

1,55 Meter ist er nur groß, und auf dem Höhepunkt seiner Karriere bringt er gerade einmal 54 Kilogramm auf die Waage. Aber Jack »Soupy« Shapiro darf trotzdem von sich behaupten, ein NFL-Spieler zu sein und sogar der kleinste aller Zeiten. Nach einer erfolgreichen Karriere an der New York University schafft es der Sohn russischer Emigranten in den Kader der Staten Island Stapletons und kommt für die »Stapes« 1929 auf einen Einsatz (sieben Rushes, fünf Yards, ein Punt Return). Dieser kurze Auftritt sichert ihm 1999 sogar einen Platz im Guinness-Buch der Rekorde. Fast wäre daraus nichts geworden, Shapiros Vater ist nämlich zunächst gegen die sportliche Betätigung seines Sohnes, weil er teure Arztrechnungen fürchtet. Darum fälscht Soupy die Unterschrift des Vaters auf der Einverständniserklärung für sein High School Football Team und verkündet hinterher mit einem Lächeln: »Wenn ich mal in den Himmel komme, dann erzähle ich meinem Vater davon, und er wird mir schon vergeben.«

VORSICHT VOR DEM PUNTER

Am 24. Oktober 2010 bekommt Reggie Hodges, der Punter der Cleveland Browns, gegen die Dallas Cowboys den Snap in die Hände, doch statt zum Punt anzusetzen, initiiert er einen Laufspielzug. Wenige Sekunden und 68 Yards später ist er der Rekordhalter für den längsten Lauf eines Punters in der NFL-Geschichte. Der Run vom ehemaligen Ball State Cardinal ist zudem der erfolgreichste Rush der Browns während der gesamten 2010er NFL-Saison.

THIRD AND FOREVER

Einen dritten Versuch mit 37 Yards zu gehen nutzt wohl selbst der optimistischste Fan für eine verfrühte Toilettenpause oder für einen schnellen Snack. Auch die Minnesota Vikings schöpfen am 31. Oktober 1999 wahrscheinlich nur wenig Hoffnung, als sie sich im zweiten Viertel gegen die Denver Broncos mit eben jener Spielsituation konfrontiert sehen. Das Draw Play zu Leroy Hoard soll lediglich ein bisschen mehr Raum für den anschließenden Punt bringen, doch dann überrumpelt der massige Runningback auf einmal die schläfrige Broncos-Verteidigung, und sein 53-Yard-Run über die rechte Seite wird zur längsten Third Down Conversion aller Zeiten. Dabei sieht sich Hoard selbst eigentlich eher als einen Short Yardage Spezialisten. So soll er einst zu seinem Head Coach Dennis Green gesagt haben: »Coach, wenn du ein Yard brauchst, gebe ich dir drei. Wenn du fünf von mir brauchst, dann hol ich auch drei Yards raus.«

SIEBEN SACKS SIND NICHT GENUG

Am Veteran's Day 1990 liefert einer der gefürchtetsten Pass Rusher der Neunzigerjahre sein vermeintliches Meisterstück. Derrick Thomas gelingen gegen die Seattle Seahawks und ihren Quarterback Dave Krieg sieben Sacks, bis heute ein NFL-Rekord. »D.T.« erscheint hinterher allerdings nicht in Kriegs Albträumen, denn beim letzten Spielzug der Partie kann der Passgeber einem heranstürzenden Thomas ausweichen und findet Sekunden später Receiver Paul Skansi via »Hail Mary« in der Endzone. Seattle gewinnt dadurch knapp im Arrowhead Stadium mit 17:16.

UNNÜTZES AMERICAN FOOTBALL WISSEN

WENN DER PUNT EIN BISSCHEN LANGE DAUERT

Ein geblockter Punt ist in der NFL relativ selten, oft schaffen es Teams in diesem Bereich sogar fehlerfrei durch eine Saison. Der NFL-Negativrekord stammt aus dem Jahr 1977, als ligaweit 31 Punts per Hand beeinträchtigt werden. Besonders gut auskennen tun sich in dieser Hinsicht Harry Newsome und Herman »Thunderfoot« Weaver, deren Punts im Lauf ihrer Karriere jeweils 14 Mal geblockt werden. Die 1988er-Saison von Newsome bei den Pittsburgh Steelers ist für ihn besonders bitter, denn in dem Jahr bekommt er gleich sechs Kicks nicht an den Händen der Defense vorbei.

DAS LÄNGSTE FIELD GOAL DER NFL-GESCHICHTE

Offiziell gelingt Matt Prater von den Denver Broncos an einem kalten Dezembertag 2013 gegen Tennessee das längste Field Goal in der Geschichte der NFL. Wenig überraschend kommt es in Denvers Mile High Stadium, das aufgrund seiner dünnen Höhenluft (es liegt 1585 Meter über dem Meeresspiegel) besonders günstige Bedingungen für weite Kicks liefert. Hier stellt auch der Schwede und ehemalige Frankfurt-Galaxy-Profi Ola Kimrin 2002 einen inoffiziellen Rekord auf, als er in der Preseason einen Ball von der eigenen 45-Yard-Linie durch die Torstangen und damit über 65 Yards schießt. Nutzen tut es ihm wenig, er wird zwei Wochen später entlassen, da die Broncos mit Pro Bowler Jason Elam bereits einen verdienten Kicker im Kader haben. Zehn Jahre später taucht ein von einem User namens »OlaK72« gepostetes Video von dem monumentalen Kick bei YouTube auf. Justin Tucker von den Baltimore Ravens schlichtet schließlich 2021 den »Streit« und trifft bei einem regulären Saisonspiel in Detroit aus 66 Yards Entfernung.

BO KNOWS MONDAY NIGHT FOOTBALL

Die NFL kann sich spätestens am 30. November 1987 in Seattle von der Tatsache überzeugen, dass Raiders-Rookie Bo Jackson der wahre »Larger Than Life«-Athlet seiner Zeit ist. Bei einem 91-Yard-Touchdown-Run gelingt es Bo erst im Spielertunnel des Kingdome, den eigenen Kräften Einhalt zu gebieten, welche ihn in dieser Nacht zu 221 Rushing Yards und einem Monday Night Football Rekord tragen. Auf dem Weg dahin rammt er auch durch ein Tackle des vollmundigen Linebackers Brian Bosworth, der ihn vorher öffentlich herausgefordert hatte. »Das Geräusch, als Bo Jackson an unserer Seitenlinie vorbeigelaufen ist, war anders als alles, was ich jemals gehört habe«, erinnert sich Hall of Famer Steve Largent. Noch beeindruckender werden Jacksons Heldentaten vor dem Hintergrund, dass er zu dieser Zeit bereits Profi in der Major League Baseball ist. Zwei Jahre später avanciert er zum einzigen Spieler der US-Sportgeschichte, der in zwei Top-Ligen zum All Star gewählt wird, ein Mann, der in Sachen gottgegebenem Talent auf einer Stufe mit Michael Jordan gesehen wird. Eine schwere Hüftverletzung 1991 lässt seinen Stern allerdings früh verglühen und wirft noch heute Fragen danach auf, was alles möglich gewesen wäre.

BRETT FAVRE UND DIE REKORDBÜCHER

Der Anfang von Brett Favres großer Hall-of-Fame-Karriere verläuft alles andere als geplant. Seine fünf Snaps für die Atlanta Falcons enden in zwei Interceptions (sein allererster Pass ist ein Pick Six gegen Washington), einem Sack und zwei Incompletions. Den ersten erfolgreichen Wurf schafft Favre nach seinem Trade zu den Green Bay Packers – allerdings an sich selbst! Ein Lineman blockt damals den Ball und das Spielgerät landet wieder in den Händen des jungen Quarterbacks. Letztendlich läuft es dann aber doch ganz gut in der Laufbahn des ewigen »Gunslingers«. Er gewinnt Super Bowl XXXI, angelt sich dreimal den MVP-Award, die Green Bay Packers werden seine Nummer vier nie mehr vergeben und er stellt mit 297 aufeinanderfolgenden Starts (321 inklusive Playoffs) den ultimativen »Iron Man Streak« der NFL auf (27. September 1992 bis 13. Dezember 2010). Ihm gehört allerdings auch so mancher Negativ-Rekord, so wie zum Beispiel seine bis heute unübertroffenen 336 Interceptions.

NEVER NEVERS AGAIN ...

... dachten sich wohl die Bears, denn Ernie Nevers stellt am 28. November 1929 gegen sie nicht nur den bis heute ältesten NFL-Rekord auf, es ist auch ein Meilenstein, der wohl bis in alle Ewigkeit Bestand haben wird. Mit sechs Rushing Touchdowns und vier zusätzlich getretenen Extra Points gelingen dem »Big Dog« unglaubliche 40 Punkte im Chicagoer Stadtduell zwischen seinen Cardinals und den Bears. An jenem Thanksgiving Day macht Nevers im Comiskey Park alle Punkte seines Teams und führt die Cardinals zu einem deutlichen 40:6-Erfolg, nachdem er bereits vier Tage zuvor alle 19 Zähler für seine Mannschaft im Spiel gegen die Dayton Triangles verbucht hatte.

CARDINALS BLEIBEN 1934 AUF DEM BODEN

In der ersten Hälfte des 20. Jahrhunderts ist das Spiel in der NFL noch ein anderes, kaum eine Mannschaft wirft wirklich aggressive Pässe, und so ziemlich jede Offensive baut sich auf einem körperbetonten Laufspiel auf. Ganz besonders »bodenständig« halten es die Chicago Cardinals in der Saison 1934, in der sie immerhin fünf von elf Spielen gewinnen. Dabei werfen sie den Ball allerdings nur für ganze 302 Passing Yards – bis heute Negativrekord für eine Saison. Zum Vergleich: Hall of Famer Norm Van Brocklin gelingen für die L.A. Rams am 28. September 1951 die meisten Pass Yards in einem Spiel mit 554 gegen die New York Yanks.

DER »NIGHT TRAIN« UND SEIN JAHRHUNDERTREKORD

Dick »Night Train« Lane blickt schon mit drei Monaten dem Tod ins Gesicht, als ihn seine im Rotlichtmilieu versackten Eltern in einem Mülleimer aussetzen. Eine Frau namens Ella Lane hört ihn weinen und rettet dem kleinen Jungen somit im letzten Moment das Leben. Ende der Vierzigerjahre leistet er zunächst vier Jahre Militärdienst und jobbt dann in einer Flugzeugfabrik, bevor er sich via Tryout einen Vertrag bei den Los Angeles Rams verdient. In seiner Rookie-Saison 1952 gelingen ihm 14 Interceptions in gerade einmal zwölf Spielen, ein Wert, den selbst nach Erweiterung des Spielplans bis heute kein Spieler erreichen kann. Der gnadenlose Cornerback mit einer Vorliebe für Griffe ins gegnerische Gesichtsgitter ist dazu für seine extrem harte Spielweise bekannt und beschreibt seine Spielphilosophie dementsprechend: »Es gab niemals ein gutes Tackle unterhalb der Augenbrauen.« Seinen überragenden Spitznamen, den er selbst anfangs etwas befremdlich findet, bekommt der ehemalige Junior-College-Receiver aufgrund seiner Affinität für den Song *Night Train* von Buddy Morrow. In seinem ersten NFL-Training-Camp verbringt Lane unzählige Stunden im Zimmer von Teamkollege Tom Fears, der damals als einziger einen Plattenspieler dabeihat.

T.O. GEGEN DEN REST DER WELT

Hall of Famer Terrell Owens ist der einzige Spieler in der Geschichte der NFL (außer Quarterbacks), dem ein Touchdown gegen jedes Team der Liga gelingt. Dieser Meilenstein klingt natürlich gut, scheint dem charismatischen »T.O.« im Spätherbst seiner Karriere aber noch nicht zu reichen. Mit seinem Touchdown für die Cincinnati Bengals am 21. November 2010 gegen die Buffalo Bills setzt er noch einen drauf und hat von jenem Tag an jedem seiner Gegner zwei oder mehr Touchdowns eingeschenkt. Insgesamt findet der Mann mit dem klangvollen Zweitnamen »Eldorado« während seiner illustren Karriere satte 153 Mal die gegnerische Endzone und fängt in 219 Spielen unglaubliche 1078 Bälle.

DIE LÄNGSTEN LÄUFE DER NFL-GESCHICHTE

Dallas Cowboys Runningback Tony Dorsett bekommt bei Monday Night Football am 3. Januar 1983 den Ball ein halbes Yard vor der eigenen Endzone und sieht plötzlich trotz prekärer Lage ein kleines Loch an der Line Of Scrimmage. Mit voller Wucht schießt er hindurch, entflieht auf das freie Feld und trägt den Ball über links die gesamte Distanz bis in die Endzone der Minnesota Vikings. Die offiziell gerechneten 99 Yards sind ein Rekord für den längsten Run der NFL-Geschichte und das, obwohl während des Plays eigentlich nicht alles rund läuft. Die Cowboys hatten nämlich nur zehn Mann für den Spielzug auf dem Feld. Am 7. Dezember 2018 sind es bei den Tennessee Titans zwar deren elf, doch das meiste erledigt All-Pro-Runner Derrick Henry sowieso fast selbst, als er etliche Tackles der Jacksonville Jaguars bricht und Dorsetts Rekord mit einem 99-Yard-Touchdown einstellt.

DAS ZEITALTER DER 5000-YARD-PASSER

Bevor die NFL 2021 ihren Spielplan auf 17 Partien erweitert, schaffen es Quarterbacks nur zwölf Mal, in einer Saison für mehr als 5000 Yards zu passen. Bis auf Dolphins-Legende Dan Marino, dem der Meilenstein 1984 als erstem und jüngstem Spieler im Alter von 23 Jahren gelingt, kommen alle anderen 5000er Spielzeiten nach 2008 und somit aus dem passfreudigsten Zeitalter der Ligageschichte. Saints-Superstar Drew Brees vollbringt das monumentale Kunststück sogar ganze fünf Mal (2008, 2011, 2012, 2013 und 2016), den Single-Season-Passing-Yards-Rekord hält er allerdings nicht. Dieser gehört noch Peyton Manning, der 2013 für die Denver Broncos 5477 Yards in der Luft überbrückt. Dies ist genau ein Yard mehr, als Drew Brees zwei Jahre zuvor mit seinen Pässen schafft.

MAN RUFT NUR FLIPPER, FLIPPER

Stand 2021 haben 29 Wide Receiver einen Platz in der Pro Football Hall of Fame in Canton, Ohio, unter ihnen legendäre Namen wie Jerry Rice, Art Monk oder Randy Moss. Keinem von ihnen gelingt aber je das, was ein Mann namens »Flipper« am 26. November 1989 auf den Turf des Louisiana Superdome zaubert. Willie Lee Anderson Junior, Spitzname »Flipper«, weil er als Baby geweint haben soll wie ein keckernder Delfin, fängt an jenem Tag 15 Bälle für unglaubliche 336 Receiving Yards im Trikot der Los Angeles Rams. In den restlichen Partien der 1989er-Saison knackt Anderson nur ein weiteres Mal die 100-Yard-Marke. Auch wenn er es nie in einen Pro Bowl schafft, bastelt sich Flipper Anderson über zehn Jahre eine mehr als respektable Karriere zusammen, die er 1997 im Trikot der Green Bay Packers mit insgesamt 5357 Yards sowie einem Super Bowl Ring am Finger beendet. Doch offensichtlich scheint das nicht jeder mitbekommen zu haben. In dem amerikanischen Super Bowl Special von *Wer wird Millionär?* bekommt Kandidat Charles Anderson die Frage nach dem Rekord seines Namensvetters für 125 000 US-Dollar Preisgeld gestellt, doch er bricht lieber ab und geht mit 64 000 US-Dollar nach Hause.

OTTO GRAHAM HASST ES ZU VERLIEREN

Bei großen Champions spricht man oft davon, dass sie es einfach hassen zu verlieren. Wenn in dieser Bezeichnung etwas Wahrheit steckt, ist Otto Graham zu Lebzeiten wohl einer der hasserfülltesten Menschen auf Erden. Er führt die Cleveland Browns in jedem Jahr seiner zehnjährigen Quarterback-Karriere ins Finale der AAFC und später der NFL, wobei das Team sieben Mal den Titel holen kann. Vor seiner großen Football-Zeit gewinnt der Kriegsveteran im März 1946 schon eine Meisterschaft mit den Rochester Royals in der National Basketball League, dem Vorläufer der heutigen NBA. »Automatic Otto« wird später drei Mal zum MVP in der NFL ernannt und 1965 in die Pro Football Hall of Fame aufgenommen, auch dank einer Siegesquote von 81 Prozent in Spielen, bei denen er in der Startaufstellung stand.

PAUL KRAUSE PATROUILLIERT IM CENTER FIELD

Die meisten Interceptions in der Geschichte der NFL gehen auf das Konto von Hall of Famer Paul Krause. Der Safety aus Flint, Michigan, erinnert sich in seiner Rolle auf dem Football-Feld stets an seine Zeit beim Baseball, wo er in der Jugend im Center Field gespielt hat. 81 Pässe von 45 verschiedenen Quarterbacks fängt er während seiner Laufbahn ab und trägt drei davon als Touchdowns zurück in die gegnerische Endzone. Mit seiner Gesamtzahl an Picks liegt der achtfache Pro Bowler der Washington Redskins und Minnesota Vikings knapp vor dem zweitplatzierten Emlen »The Gremlin« Tunnell, der von 1948 bis 1961 für die Giants sowie die Packers 79 gegnerische Pässe aus der Luft pflückt. Zum Trost ist der erste afroamerikanische Spieler in der Pro Football Hall of Fame aber im Besitz der Silver Lifesaving Medal der US Coast Guard. Während seines Kriegsdienstes 1944 vor Papua-Neuguinea erleidet Tunnell selbst schwere Verbrennungen, während er einen beim feindlichen Torpedoangriff in Brand geratenen Kameraden vor dem sicheren Tod bewahrt. Zwei Jahre später springt er todesmutig ins

eiskalte Wasser vor Neufundland und rettet einen er-
trinkenden Kollegen aus den Fluten. Man kann wohl
sagen, dass diese Taten die zwei fehlenden Interceptions mehr als wettmachen.

VIELSEITIGE RUNNINGBACKS KÖNNEN AUCH FANGEN

Lange hat es gedauert, aber nach der Jahrtausend-
wende schaffen es direkt drei Runningbacks, in einer
Saison mehr als 1000 Rushing Yards zu erlaufen und
gleichzeitig 100 Pässe zu fangen. Der Erste, dem dies
gelingt, ist LaDainian Tomlinson, der die Saison 2003
mit 1645 Rush Yards sowie 100 Receptions für weitere
725 Yards in der Luft beendet. Obendrein wirft er auch
noch einen Touchdown-Pass über 21 Yards. 2014 tut es
ihm Chicago Bear Matt Forte gleich und schafft 1038
Rush Yards zusammen mit 102 Catches, bevor dann
Christian McCaffrey für die Carolina Panthers 2018
1387 Rush Yards und 116 Receptions verbucht. Er wird
damit neben Roger Craig (1985) und Marshall Faulk
(1999) auch zum dritten NFL Runningback, dem 1000
Rushing und 1000 Receiving Yards in einer Saison gelingen.

JERRY RICE, DER JAHRHUNDERTRECEIVER

Wollte man alle Rekorde von Jerry Rice auf einer Liste aufschreiben, dann könnte man sie wohl mindestens von einem Ende der Golden Gate Bridge bis zum anderen spannen. Der ehemalige Student der Mississippi Valley State University und spätere Superstar der San Francisco 49ers spielt mit 303 Partien in seiner Karriere mehr Spiele als jeder andere Position Player der Liga, und er verbucht dabei die mit Abstand meisten Receiving Yards (22 895, Stand 2021 ganze 5402 mehr als der zweitplatzierte Larry Fitzgerald), Catches (1549) und Receiving Touchdowns (197). In seiner beispiellosen Laufbahn sammelt Rice zusätzlich drei Super-Bowl-Ringe, wird 13 Mal für den Pro Bowl nominiert und ist Dauergast in den All-Time-Teams der Liga. Dabei verbietet ihm seine Mutter zu Beginn seiner Schulzeit zunächst das Footballspielen. Als er jedoch als Sophomore vom Direktor der B.L. Moor High School in Oktoc, Mississippi, beim Schwänzen erwischt wird und er derart rasend schnell sein Heil in der Flucht sucht, steckt der Schulleiter dem Coach, dass es da einen Jungen gäbe, der ganz gut sein könnte. Recht sollte er behalten.

»TOM TERRIFIC«

Am 3. Oktober 2021 setzt sich Tom Brady von den Tampa Bay Buccaneers ausgerechnet in dem Stadion an die erste Stelle der ewigen Passing Yards Liste, wo er zuvor 20 Spielzeiten lang fast alljährlich die NFL-Rekordbücher umgeschrieben hat. Der Ex-Patriot wird mit dem Sieg seiner Bucs über New England in Foxborough auch zum vierten Quarterback, der gegen jedes NFL Team ein Spiel gewinnen kann. Dieses Kunststück gelingt außerdem noch Drew Brees, Peyton Manning und Brett Favre. In derart erlauchten Kreisen kennt »TB12« sich bestens aus, in vielen wichtigen Pass-Statistiken blicken andere Pass-Legenden zu ihm hinauf. Vor allem in den Playoffs sind die Zahlen des Super-Bowl-Rekord-Champions astronomisch: Bis 2021 hat Tom Brady es auf 83 Touchdown-Pässe in der Postseason gebracht, was unglaubliche 38 mehr ergeben, als die Zweitplatzierten Joe Montana und Aaron Rodgers auf ihrem Konto haben. In Sachen Passing Yards ist Brady der Konkurrenz ähnlich weit enteilt und hat mit 12 449 Yards satte 5110 mehr als sein ewiger Rivale Peyton Manning. Zum Vergleich: Das sind mehr als Hall of Famer Troy Aikman, Dan Marino oder John

Elway in ihrer Karriere sammeln können. Brady absolviert mit 45 Playoff-Spielen aber auch die mit Abstand meisten Postseason-Partien in der NFL-Geschichte, gefolgt von seinen beiden ehemaligen Kickern Adam Vinatieri und Stephen Gostkowski mit jeweils 31 Einsätzen. Jerry Rice ist der erste Nicht-New-England-Patriot auf der Liste mit 29 Playoff-Spielen.

STARTSCHWIERIGKEITEN FÜR PEYTON

Peyton Manning betritt 2021 die Pro Football Hall of Fame als einer der größten Passer, die das Spiel jemals gesehen hat. Ganz einfach ist sein Start in der NFL im Jahr 1998 allerdings nicht. Frisch von der University of Tennessee wird der Top Overall Pick bei den Indianapolis Colts ins kalte Wasser geworfen und schluckt dabei ein wenig mehr kühles Nass, als ihm lieb sein dürfte. 28 Interceptions stehen am Saisonende auf seinem Konto, nie hat ein Rookie sich mehr in seiner Premierensaison geleistet. Letztendlich wendet sich aber für den fünffachen NFL-MVP und zweifachen Super-Bowl-Champion alles zum Guten. Den

All-Time-Rekord für die meisten Pässe zum Gegner hält ebenfalls ein Hall of Famer: George Blanda wirft 1962 für die damals noch in der AFL aktiven Houston Oilers 42 Picks in 14 Spielen, führt seine Mannschaft allerdings trotzdem zu elf Siegen.

LASS DEN BALL NICHT FALLEN!

Brett Favres hohe Interception-Zahlen während seiner Karriere werden stets als Beiwerk seines Gunslinger-Daseins angesehen, doch auch sonst geht die Packers-Legende nicht immer vorsichtig mit dem Spielgerät um. Die 166 Fumbles während seiner Karriere sind Negativ-Rekord auf einer NFL-Liste, die vor allem von Quarterbacks dominiert wird. Die beiden Runningbacks mit den meisten fallen gelassenen Bällen haben wie Favre ebenfalls eine Büste in Canton: Franco Harris und Tony Dorsett leisten sich während ihrer großartigen Laufbahnen jeweils 90 Fumbles.

EIN PAAR VERSTECKTE SUPER BOWL REKORDE

Die großen Rekorde des Super Bowl werden jedes Jahr beim Megaevent mehrfach rezitiert, doch in der NFL-Endspielgeschichte kommen mit der Zeit auch so einige eher unbeachtete Meilensteine zusammen. Die Vertreter der NFC gewinnen zum Beispiel zwischen 1998 und 2011 alle Münzwürfe bei der Seitenwahl, die Steelers und Vikings stellen mit zwei Punkten in der ersten Halbzeit von Super Bowl IX einen Negativrekord auf, und Bob Griese ist der siegreiche Quarterback mit den wenigsten erfolgreichen Pässen. Gegen die Minnesota Vikings in Super Bowl VIII reichen ihm und seinen Dolphins gerade einmal sechs zielgenaue Würfe für 73 Yards, auch weil das Laufspiel um Larry Csonka mit 53 Laufversuchen an jenem Tag besonders fleißig ist.

LAUF, LARRY, LAUF!

Die Zeiten des klassischen »Workhorse«, also einem Runningback, der den Großteil der Rushes für sein Team absolviert, scheinen in der heutigen passfreudigen NFL vorbei zu sein. So lange sind sie es allerdings noch nicht, denn noch 2006 setzt Larry Johnson für die Kansas City Chiefs den Rekord für die meisten Carries in einer Saison. 416 Mal trägt er den Ball für die »Häuptlinge« und überbrückt damit 1789 Yards. Eventuell mahnt aber gerade seine Leistung die heutigen Teams zur Vorsicht, denn nach 2006 schafft Johnson aufgrund von Verletzungen und nachlassenden Kräften nie wieder mehr als 193 Carries in einem Jahr.

EIN BEDÄCHTIGER PASSGEBER

Eines der wichtigsten Ziele eines jeden Quarterbacks ist es, so wenige Interceptions wie möglich zu werfen. Stand 2021 tut dies niemand so gut wie Aaron Rodgers, denn nur 1,4 Prozent der Pässe des dreifachen NFL-MVPs landen beim Gegner. Einige namhafte Berufskollegen sind ihm allerdings dicht auf den Fersen: Der Interception-Prozentsatz von Chiefs-Superstar Patrick Mahomes liegt bei lediglich 1,7 Prozent, Dak Prescott von den Dallas Cowboys wirft nur 1,8 Prozent seiner Pässe zum Gegner und Tom Brady will mit 1,9 Prozent in so einer Liste auch nicht zu weit abgeschlagen sein.

DAS LÄNGSTE SPIEL DER NFL-GESCHICHTE

Bevor die NFL-Overtime-Regeln auf das heute ver-kürzte Format angepasst werden, duellieren sich die Miami Dolphins und die Kansas City Chiefs im NFC Championship 1971 und stehen dabei so lange auf dem Feld wie kein anderes Team vor oder nach ihnen. Am 25. Dezember, dem amerikanischen Weihnachts-tag, geht die Partie in eine Double Overtime, und erst Kicker Garo Yepremian beendet das Spiel mit seinem Field Goal zum 27:24 für die Dolphins. Die Gesamt-spielzeit liegt zu diesem Zeitpunkt bei 82 Minuten und 40 Sekunden. Die Überlänge stört in unzähligen Haus-halten den traditionellen Ablauf am heiligen Feiertag, weshalb die Liga anschließend mit einer Flut an Be-schwerden überrollt wird und als Reaktion für 17 Jahre kein Spiel mehr an Weihnachten ansetzt.

»THE COMEBACK«

Als Frank Reich, überhaupt nur auf dem Feld als Ersatz für den verletzten Jim Kelly, mit seinem ersten Pass der zweiten Halbzeit einen Pick Six wirft, scheint die

Messe im AFC Wild Card Game 1992 zwischen Buffalo und Houston endgültig gelesen. Die Oilers führen mit 35:3, die Chancen der Bills tendieren gegen null. Dann allerdings macht Reich das, was er schon am College getan hatte. Damals holt er 31 Punkte mit Maryland gegen die Miami Hurricanes auf, jetzt bläst er mit fünf Touchdown-Pässen für die Bills zur Aufholjagd und führt sein Team tatsächlich zum Sieg in der Verlängerung. »Es ist der stolzeste Moment meines Lebens, neben der Geburt meiner Töchter und der Hochzeit mit meiner Frau«, freut sich Reich hinterher über das größte Comeback der NFL-Geschichte. Die Oilers bekommen acht Jahre später in gewisser Weise ihre Revanche. Zwar heißen sie jetzt nach ihrem Umzug Tennessee Titans, aber das »Music City Miracle« mit dem späten Lateral-Kickoff-Return von Kevin Dyson ist nicht minder unglaublich als das Spiel, was jeder außerhalb von Houston nur als »The Comeback« kennt.

DER WERT DER DALLAS COWBOYS

Jedes Jahr bringt das *Forbes Magazine* eine Liste der wertvollsten Sport-Franchises des Planeten heraus, und seit einiger Zeit haben die Dallas Cowboys den

ersten Rang in diesem exklusiven Ranking gepachtet.
2021 wird der Wert von »America's Team« auf 5,7 Milliarden US-Dollar geschätzt, womit sie knapp 450 Millionen vor den zweitplatzierten New York Yankees aus der Major League Baseball rangieren. Als Jerry Jones die Cowboys 1989 für »nur« rund 150 Millionen von H.R. »Bum« Wright kauft, liegen die Dinge noch ein wenig anders. »Die Franchise machte ungefähr eine Millionen Dollar im Monat Verlust«, erinnert sich Jones an die schwierigen Zeiten Ende der Achtzigerjahre, als er das Team aus der Obskurität einer Kreditkrise an die Spitze der weltweiten Sportökonomie führt.

DIE BESTEN VERTEIDIGUNGEN DER NFL-GESCHICHTE

Es gibt in der Historie der NFL viele überragende Verteidigungen, wie zum Beispiel Pittsburghs »Steel Curtain«, die 1985er Chicago Bears oder die Baltimore Ravens aus dem Jahr 2000. Die letzten beiden streiten sich in den All-Time-Rankings zumeist um den ersten Platz, sind ihre Statistiken doch nach modernen Standards fast aberwitzig und können sie doch im Gegensatz zur überragenden 1976er Steelers Defense ihre

Saison mit dem Super Bowl krönen. Die Bears lassen dabei in drei Playoffspielen nur zehn Punkte zu und erlauben den New England Patriots in Super Bowl XX gerade einmal 123 Yards. 15 Jahre später bringen es die Gegner der Ravens in 20 Saisonspielen inklusive Playoffs nur auf 9,4 Punkte pro Partie und können zumeist auch kein Kapital aus Baltimores stotternder Offense schlagen, die unter anderem Mitte der Saison fünf Spiele in Folge keinen einzigen Touchdown erzielt. Die Verteidigung um Defensive Player of the Year Ray Lewis springt in die Bresche und lässt mit 165 Zählern weniger Punkte zu als zuvor jedes andere NFL-Team in einer 16-Spiele-Saison. Sowohl Baltimore als auch Chicago kommen statistisch aber nicht an die Akron Pros heran, die als erster Titelträger der NFL-Geschichte 1920 13 Spiele in Folge zu null spielen.

DAS REKORD-JAHR 1984

Die NFL-Saison 1984 wurde eine Spielzeit der Superlative, reihenweise purzelten Rekorde durch neue Bestleistungen. Miami-Dolphins-Quarterback Dan Marino wirft in seinem zweiten Profijahr die meisten Passing Yards (5084) und die meisten Passing Touchdowns

(48) in einer Saison, Eric Dickerson von den Los Angeles Rams bricht mit 2105 Yards auf dem Boden den
Single Season Rushing Rekord der Liga, und Art Monk
fängt bei 106 Catches mehr Bälle in einer Spielzeit als
je ein anderer Spieler vor ihm. Neben Miamis Mark
Clayton, der mit 18 Touchdown-Catches einen Best-
wert aufstellt und dem neuen Sack-Rekordhalter Mark
Gastineau (22 Sacks) schreibt sich auch ein Westber-
liner in die Rekordbücher: Uwe von Schamann, ebenfalls Miami, trifft die meisten Extrapunkte aller Zeiten.
Und als ob das nicht genug wäre, beendet Walter Payton von den Bears die Spielzeit mit den meisten Rush
Yards aller Zeiten. Man munkelt, beim Guinness-Buch
gingen in jenem Jahr ein paar Stellenausschreibun-
gen heraus.

»KING HENRY« UND DIE GROßMAMA

Derrick Henry liefert schon an der High School im
kleinen Yulee in Nordflorida einen Vorgeschmack auf
seine spätere dominante NFL-Karriere bei den Tennessee Titans. Der Runningback erläuft mit 12 124
Rushing Yards mehr als jeder andere amerikanische
Schulsportler vor ihm und bricht damit auch den alten

Karriererekord vom »Sugar Land Express« Ken Hall aus dem Jahr 1953. Immer im Hinterkopf hat er dabei seine Großmutter Gladys, die ihn mit großzieht und ihm auch den Spitznamen »Shocka« verpasst, so überraschend war seine Frühgeburt für alle Beteiligten. Bevor sie zwei Tage nach seinem NFL-Debüt am 13. September 2016 verstirbt, verzichtet Henry auf Teile seines ersten Offseason-Camps, um noch schnell den seiner Großmama versprochenen College-Abschluss zu machen. Die verpasste Trainingszeit schadet ihm langfristig keineswegs, denn 2020 wird er zum achten Runningback der NFL-Geschichte, der über 2000 Yards in einer Saison verbuchen kann. Vor ihm schaffen diese besondere Marke O.J. Simpson (1973), Eric Dickerson (1984), Barry Sanders (1997), Terrell Davis (1998), Jamal Lewis (2003), Chris Johnson (2009) und Adrian Peterson (2012).

ALLES AUF ANFANG

Die 18 355 Rushing Yards, die Dallas-Cowboys-Legende Emmitt Smith während seiner Hall-of-Fame-Karriere erläuft, gelten als ein Rekord für die Ewigkeit. Kurioserweise bringt er es dabei in seinem ersten und

in seinem letzten NFL-Jahr auf die genau gleiche Anzahl an Yards. Sowohl in seiner Rookie-Saison 1990 in
Dallas als auch in seiner finalen Ligaspielzeit in Arizona 2004 stehen am Ende des Jahres genau 937 Rush
Yards auf seinem Konto.

FOOTBALL IST EIN TEAMSPORT

In der NFL-Saison 2010 gewinnt der damalige Patriots-
Quarterback Tom Brady seinen zweiten MVP-Award
und wirft dabei gerade einmal vier Interceptions. Ein
besonderer Fakt macht diese ohnehin schon extrem
niedrige Zahl noch beeindruckender: In besagter Saison werfen andere Teams 15 Mal vier oder mehr Picks
in jeweils nur einem Spiel. Eine ähnliche Diskrepanz
kennen die San Diego Chargers noch von ihrem Ground
Game aus der Saison 2000, damals ist das Verhältnis
allerdings umgekehrt. Als Team schafft San Diego gerade einmal 1062 Rushing Yards, ein Wert, den in jenem Jahr 19 Spieler alleine schaffen.

EIN PRO BOWLER WIRFT ACHT INTERCEPTIONS

Quarterback Jim Hardy von den Chicago Cardinals hat am 24. September 1950 den vielleicht schlimmsten Tag, den je ein Passgeber in der NFL erleiden muss. Zunächst einmal ist er auf dem Weg zum Stadion in einen Autounfall verwickelt und verpasst wegen seiner Zeugenaussage das Aufwärmen vor dem Duell mit den Philadelphia Eagles. Dementsprechend bescheiden läuft die erste Halbzeit, in der Hardy bereits drei Interceptions wirft. »Ich weiß noch, wie ich mit dem Kopf in meinen Händen in der Kabine saß und dachte, dass es nichts Schlimmeres gibt als drei Interceptions in einer Halbzeit«, sagt Hardy anschließend. Er soll kurze Zeit später eines Besseren belehrt werden, denn in Hälfte zwei wirft er weitere fünf Bälle in die Hände der gegnerischen Verteidiger und stellt bei der 7:45-Niederlage seines Teams einen bis heute ungebrochenen NFL-Negativrekord auf. Bleibende Schäden trägt Hardy allerdings von dem Spiel nicht davon. Eine Woche später führt er Chicago zu einem 55:13-Sieg über Baltimore, wirft dabei insgesamt sechs Touchdowns und wird am Saisonende sogar für seinen einzigen Pro Bowl nominiert.

FIRST DOWN UND DIREKT INS REKORDBUCH

Am 10. November 2013 schlagen die New Orleans Saints die Dallas Cowboys im heimischen Superdome mit 49:17 und stellen dabei den NFL-Rekord für die meisten First Downs in einem Spiel auf. Ganze 40 Mal muss die Line-Crew die Zehn-Yard-Kette bewegen und Kommentator Al Michaels einen neuen ersten Versuch verkünden. Die Saints-Offense um Drew Brees schafft an diesem Tag genau ein First Down mehr als die vier vorigen Rekordhalter der Broncos, Redskins, Oilers und Jets. Zwei Teams bringen es bisher fertig, ein Spiel ganz ohne First Downs zu beenden: die Denver Broncos (gegen Houston 1966) und die New York Giants (gegen Washington 1942). Verrückterweise gewinnen die Giants ihr damaliges Spiel gegen die Redskins sogar mit 14:7 dank einem Interception-Return und einem langen Touchdown-Pass, der offiziell nicht als neuer erster Versuch gewertet wird.

NIEMAND MERKT, DASS GESCHICHTE GESCHRIEBEN WIRD

Ein paar Mal springt der Schuss von Saints-Punter Tommy Barnhardt am 23. Oktober 1994 durch die Endzone, eigentlich jeder im Louisiana Superdome wähnt ihn durch das Überqueren der Grundlinie als Touchback. Die Kommentatoren haken den Spielzug ab, alle Spieler auf dem Feld trudeln gemütlich aus. Alle bis auf einen – Rams-Returner Robert Bailey. Er nimmt den Ball in der Endzone auf und spurtet zur Verwunderung aller das Feld hinauf. Experte Tim Green bricht seine eigentliche Touchback-Analyse ab und fragt: »Moment Mal, was ist denn jetzt los?« Antwort: Der mit 103 Yards längste Punt Return in der NFL-Geschichte, Tim, das ist los. Das kuriose Play darf allerdings eigentlich gar nicht zählen, denn ungefähr die halbe Offense der Rams hat von Baileys Geistesblitz auch nichts mitbekommen und joggt bereits auf das Feld, während er den Ball gen Endzone trägt. Für die Rekordbücher spielt das hinterher allerdings keine Rolle, denn die Referees sind von Baileys Geistesblitz dermaßen fasziniert, dass sie eine Strafe für *too many men on the field* schlichtweg vergessen.

DIE 26 NIEDERLAGEN IN FOLGE DER BUCCANEERS

Als jungfräuliches Expansion-Team hat man es in der NFL meistens nicht leicht, aber die Tampa Bay Buccaneers machen aus den Startschwierigkeiten nach ihrer Ligaaufnahme förmlich eine Kunst. Head Coach John McKay ahnt es bereits nach der ersten Niederlage in Houston. »Wir werden konkurrenzfähig sein, vielleicht nicht in diesem Jahrhundert aber irgendwann bestimmt«, sagt der vierfache College National Champion prophetisch über seinen in nur einem Sommer zusammengewürfelten Kader. Die Buccaneers verlieren jedes der 14 Spiele ihrer Premierensaison und hinterher auch noch die ersten zwölf der darauffolgenden Spielzeit. Überall macht sich Amerika über sie lustig, Late-Night-Legende Johnny Carson vergleicht das Team zum Beispiel mit der Titanic, dessen Untergang ebenfalls von Bandmusik begleitet wurde. Die längste Niederlagenserie der NFL-Geschichte endet schließlich doch: Am 11. Dezember 1977 siegen die »Bucs« überraschend deutlich in New Orleans mit 33:14. Der Rückflug nach Tampa wird dementsprechend feucht-fröhlich, unter Einfluss von zahlreichen Kaltgetränken tanzen Trainer und Spieler durch den Mittelgang und werden anschließend bei der Landung von 10 000 frenetischen Fans in Empfang genommen. Eine Woche darauf bestätigen sie die Leistung durch den ersten Heimsieg der Franchise überhaupt, einem hart umkämpften 17:7 gegen die St. Louis Cardinals.

DER ERSTE MODERNE RECEIVER

Don Hutson gilt zu seiner aktiven Zeit bei den Green Bay Packers in den Dreißiger- und Vierzigerjahren als der erste moderne Receiver, den die NFL je gesehen hat. In acht seiner elf Spielzeiten führt er die Liga in Catches an, neun Mal gelingen ihm mehr Touchdowns als jedem anderen Spieler, und sieben Mal schafft er die meisten Receiving Yards. Die Dominanz von Hutson endet nicht im Angriff, er spielt wie die meisten Profis der damaligen Zeit auf beiden Seiten des Balls und fängt 1940 als Safety auch die meisten Interceptions der Liga ab. Ganz nebenbei fungiert er über weite Strecken seiner beeindruckenden Karriere auch noch als Kicker für die Packers, was unter anderem auch seinen wohl größten Tag am 7. Oktober 1945 begünstigt. Gegen die Detroit Lions gelingen ihm im State

Fair Park Stadium zu Milwaukee dank vier Touch-downs und fünf Extrapunkten unglaubliche 29 Punkte in einem Viertel, ein Rekord, der bis heute unerreicht ist und es wohl auch noch eine Weile bleiben wird.

DAS GRÖßTE COMEBACK DER SUPER-BOWL-GESCHICHTE

Nach dem Super Bowl LI im Jahr 2017 werden in ganz New England reihenweise T-Shirts und andere Ge-denken mit folgendem Spielstand bedruckt: *Atlanta 28, New England 3, 2:12 Minuten vor Ende des dritten Viertels*. Es ist genau der Zeitpunkt, als das größte Comeback in der Geschichte des Super Bowls seinen Anfang findet. Die New England Patriots, angeführt von Superstar Tom Brady, gleichen die Partie nach aufopferungsvollem Kampf gegen konsternierte Fal-cons um MVP Matt Ryan gerade noch so in der letzten Minute der regulären Spielzeit aus. Sie gewinnen den schicksalhaften Coin Toss zu Beginn der ersten Super Bowl Overtime überhaupt und marschieren dann quer über das Feld für den siegbringenden Touchdown zum 34:28. In dem spektakulären Spiel werden über 30 in-dividuelle wie mannschaftliche Rekorde aufgestellt, darunter zum Beispiel die 14 Receptions von Patriots-Runningback James White, die 43 erfolgreichen Pässe von Game MVP Brady oder die insgesamt 750 Passing Yards beider Teams. Während des gesamten Spiels liegen die Patriots nur ein einziges Mal in Führung, aber genau in diesem Moment zählt es.

DIE VORBEREITUNG BEDEUTET GAR NICHTS

Die Detroit Lions starten 2008 mit großen Hoffnungen in die Saison, schließlich können sie schon im Vorjahr sieben Siege einfahren und gewinnen dann auch noch alle vier ihrer Preseason-Spiele. Anschließend beweisen die Lions aber, dass die Vorbereitung meist wenig Aussagekraft für die reguläre Saison hat. Schon nach zwei Saisonminuten und einem 62-Yard-Touchdown-Pass von Atlantas damaligem Rookie-Quarterback Matt Ryan wissen sie, dass die Preseason vorbei ist. Und es kommt noch schlimmer. Sie verlieren tatsächlich alle ihre regulären Saisonspiele und werden damit zum ersten Team der Geschichte, denen dies in einer 16-Spiele-Saison passiert. Ein Sinnbild für die Misere wird ein von Lions-Quarterback Dan Orlovsky selbst verschuldeter Safety, als er ohne Einwirkung des Gegners in der eigenen Endzone ins Aus läuft. Wenig überraschend suchen sich die Lions nach der beispiellosen Talfahrt sowohl einen neuen Coaching Staff als auch einen neuen General Manager. 2017 lindern die Cleveland Browns zumindest ein wenig das alleinige Leid in der Motor City, als sie es Detroit mit ihrer eigenen 0-16-Saison gleichtun.

FOURTH DOWN

KURIOSES UND VERRÜCKTE SPIELE

PACKERS, BEARS & IHRE HISTORISCHE RIVALITÄT

Die Rivalität zwischen den Green Bay Packers und den Chicago Bears zählt zu den berühmtesten in der NFL-Geschichte, bereits seit ganz frühen Ligatagen ringen die beiden Franchises erbittert um die Vorherrschaft im Profi-Football. Die Animositäten fingen schon drei Jahre nach dem ersten Aufeinandertreffen am 27. November 1921 an, als Chicagos Frank Hanny und Green Bays Tillie Voss nach einer Prügelei als erste Spieler der Ligahistorie des Feldes verwiesen wurden. Die Rivalität wartet aber auch mit einer ganzen Reihe an Kuriositäten auf: Am 25. September 1932 trennen sich die Teams mit einem punktlosen Unentschieden, zwei weitere Partien enden mit dem ungewöhnlichen Punktestand von 2:0, und in sechs Spielzeiten stehen sie sich sogar drei Mal in der Regular Season gegenüber. Chicagos Hall of Fame Runningbacks Gale Sayers und Walter Payton halten beide den Rekord für die meisten Rushing Yards gegen Green Bay mit jeweils 205 Yards, und ihre NFC North Titel 2005 sowie 2018 machen die Bears mit identischen 24:17-Siegen über die Packers dingfest. Green Bay ist dafür 1941 das einzige Team, was die übermächtig erscheinenden Bears in jener

Saison schlagen kann, und den Packers gehört auch die längste Siegesserie im Duell dieser beiden Mannschaften mit zehn Erfolgen in Serie. Bis Ende 2021 treffen die Bears und Packers ganze 204 Mal aufeinander, so oft wie keine zwei anderen Teams in der NFL.

DIE NFL UND DIE ZEIT

2010 untersucht das Wall Street Journal die eigentliche Spielzeit beim American Football und findet heraus, dass sich der Ball bei einer NFL-Partie im Durchschnitt nur elf Minuten wirklich im Spiel befindet. Insgesamt dauert eine einzelne Footballübertragung 174 Minuten, wovon laut der Kalkulation des WSJ 17 Minuten auf Wiederholungen entfallen und ganze 75 Minuten auf Werbeeinblendungen.

EIN NAME WIE EIN GEDICHT

Der Team-Name der Baltimore Ravens hat seinen Ursprung im Gedicht *The Raven* vom großen amerikanischen Schriftsteller Edgar Allan Poe. Nach dem Umzug aus Cleveland Mitte der Neunzigerjahre wird der Name bei einem Fan Contest vorgeschlagen, er soll Poes Jahre in Baltimore ehren, der Stadt, in der er auch seine letzte Ruhe genießt. Die Verantwortlichen müssen allerdings ein wenig Geld in die Hand nehmen, denn es gibt bereits eine Mannschaft namens Ravens in Baltimore. Diese spielen Rollstuhl-Basketball, überlassen ihren Namen aber gerne den Footballern – gegen einen Scheck – und heißen fortan Maryland Ravens. Damit ist der Ehrung für Poe allerdings noch nicht genüge getan. Auch die Maskottchen des Teams, unter denen sich auch ein überdimensionaler Plüschrabe namens »Poe« befindet, tragen Namen in Anlehnung an den berühmten Schreiberling.

DER EINE VERPASSTE SNAP VON D'BRICKASHAW FERGUSON

D'Brickashaw Ferguson (1,98 Meter, 140 Kilogramm) besitzt einen schwarzen Gürtel in Karate, ist einer der verdientesten Offensive Line Spieler in der Geschichte der New York Jets und spielt in seiner Karriere 10 707 von 10 708 möglichen Snaps. Bei seinem einzigen verpassten Spielzug in zehn harten Jahren NFL wird

»Brick« nicht etwa von einem anderen Hünen aus der Offensive Line ersetzt, sondern von All-Pro-Cornerback Darrelle Revis (1,80 Meter, 90 Kilogramm). Er soll im letzten Saisonspiel 2008 mit seiner Athletik dabei helfen, ein Lateral Play gegen Miami zum Erfolg zu führen.

BRUCE ARIANS, JAMES BARBER & DIE KLEINE WELT

Bruce Arians, Super-Bowl-Coach der Tampa Bay Buccaneers 2021, spielt Anfang der Siebzigerjahre am College für die Virginia Tech Hokies und verdient sich seine Sporen als Wishbone Quarterback. Er und sein Zimmergenosse sind damals die ersten Spieler mit unterschiedlicher Hautfarbe, die sich in Blacksburg eine Studentenbude teilen. Der Name des Zimmernachbarn: James Barber, Vater der beiden späteren Pro Bowler Tiki und Rondé Barber. Arians fungiert sogar zeitweise als Babysitter für die beiden Jungspunde, bevor James mit der eigenen Familie bricht. »Die beiden Zwillinge haben eine Menge Bilder von mir, auf denen meine Haare wirklich schrecklich aussehen«, lacht Arians heute.

PER AUTO ZUM FREIWILLIGEN TRAINING

Viele gestandene Profis schenken sich die Voluntary Workouts in der Offseason, für einige Roster-Wackel-kandidaten bedeuten sie oft allerdings eine ganze Menge. So auch für Shareece Wright von den Buffalo Bills im Jahr 2017. Als sein Flug von Chicago nach Buffalo gecancelt wird, legt der Cornerback die knapp 850 Kilometer mit einem Uber zurück. Die Fahrt dauert satte acht Stunden, ist aber recht günstig und kostet insgesamt 632,08 US-Dollar. Wright ist so happy, es pünktlich zum Offseason-Training zu schaffen, dass er dem Fahrer noch 300 Dollar Trinkgeld obendrauf spendiert. Gelohnt hat es sich auch, denn Wright sichert sich anschließend tatsächlich einen Platz im Bills-Kader für die reguläre Saison.

FLAGGE MIT FATALEN FOLGEN

Referee Jeff Triplette wirft am 19. Dezember 1999 eine der wohl berühmtesten Penalty Flags der NFL-Geschichte. Er trifft damit Orlando Brown Senior von den Cleveland Browns durch dessen Gesichtsgitter hindurch am rechten Auge. Der hünenhafte Tackle (2,01 Meter, 160 Kilogramm) mit dem Spitznamen »Zeus« ist außer sich und stößt den Schiedsrichter trotz Reuebekundungen wütend zu Boden. Die anschließende Suspendierung wird von der Liga allerdings aufgehoben, nachdem bekannt wird, dass Brown sechs Tage im Krankenhaus verbringen muss und zeitweise auf seinem verletzten Auge erblindet. Er verklagt die NFL auf 200 Millionen US-Dollar Schadensersatz, begnügt sich bei einer außergerichtlichen Einigung dann aber mit ungefähr einem Zehntel dieser Summe. Der allseits beliebte Brown kehrt anschließend nach langer Rehabilitation nochmal aus dem Ruhestand zurück und trägt von 2003 bis 2005 das Trikot der Baltimore Ravens, bevor er 2011 im Alter von nur 40 Jahren an einer diabetischen Ketoazidose stirbt.

WER BRAUCHT SCHON WIDE RECEIVER?

Die Kansas City Chiefs beenden die NFL-Saison 2014 ohne einen einzigen Touchdown durch einen Wide Receiver. Sie sind das erste Team nach den 1964er New York Giants, dem dieses »Kunststück« gelingt, und die einzige Mannschaft, die es während einer 16-Spiele-Saison fertigbringt. Receiver Dwayne Bowe wird im letzten Saisonspiel fast zum Spielverderber, als er einen vermeintlichen Touchdown-Pass gegen San Diego fängt. Das Scoring Play wird aber nochmal am Videobildschirm gecheckt, und die Offiziellen stellen fest, dass Bowe kurz vor der Endzone ein Fumble unterläuft. Somit geht der Touchdown an den Kollegen, der den Ball aufnimmt, Tight End Travis Kelce. Trotz des kuriosen Rekords und neun Siegen dürfen die Chiefs bei den Playoffs in der Woche darauf allerdings nur zuschauen.

DER »BUS« FÄHRT AUF SPARFLAMME

Jerome Bettis ist der beste Beweis dafür, dass man in der NFL auch mit Minimalismus viel erreichen kann. Während »the Bus« in der Regel mit seinem physischen Laufstil punktet, reichen ihm am 12. September 2004 im ersten Saisonspiel der Pittsburgh Steelers gegen Oakland schon eine Handvoll »Fahrten« für eine ergiebige Ausbeute. Der begnadete Bowler (Bettis gelingt unter anderem ein perfekter Bowling-Score von 300) bringt es bei fünf Carries auf gerade einmal ein Yard, scort aber dafür drei Touchdowns. Pittsburgh gewinnt das Spiel am Ende knapp mit 24:21.

OHNE OFFENSE KANN MAN REICHLICH PUNKTE MACHEN

Es ging für die Jacksonville Jags und die Tennessee Titans im letzten Spiel der Saison 2012 nicht mehr wirklich um viel, insgesamt hatten die damaligen NFL-Kellerkinder nur sieben von 30 Saisonspielen gewonnen. Eine Show kann man trotzdem auf den Rasen zaubern, denken sich zumindest die Titans. 3:16 Minuten vor Ende der ersten Halbzeit liegen sie mit 7:14 hinten und überlassen den Jags via Punt den Ball. Fast acht Minuten Spielzeit vergehen, bis Tennessees Offense in Halbzeit zwei wieder das Feld betritt, und dennoch führen die Titans auf einmal mit 35:14! Vorher darf der Angriff von der Seitenlinie aus mit ansehen, wie Zach Brown mit zwei Interceptions sowie Darius Reynaud mit zwei Punt Returns die 28 Punkte in Folge einheimsen.

DIE CHIEFS UND IHR FRAGWÜRDIGES QUARTERBACK-SCOUTING

Von 1987 bis 2017 draften die Kansas City Chiefs zwölf verschiedene Quarterbacks. Nicht einer dieser Spieler kann für die AFC West Franchise in 30 Jahren auch nur einen Start gewinnen, lange Zeit bleibt der Sieg von Todd Blackledge im ersten Saisonspiel 1987 der letzte eines Chiefs-Draft-Picks. Ein gewisser Patrick Mahomes räumt 2017 endlich mit dieser kuriosen Statistik auf, findet prompt Gefallen an Siegen für die Chiefs und gewinnt mit Kansas City schon in seinem dritten Ligajahr den Super Bowl.

DER SUPER BOWL IN DEN WETTBÜROS

Nicht nur sportlich wird der Super Bowl jedes Jahr herbeigesehnt, auch bei den Buchmachern in Las Vegas fallen hier Weihnachten, Ostern und der 70. Geburtstag der Oma auf einen Tag. 2021 wurden in Nevada insgesamt 136 096 460 US-Dollar legal auf das NFL-Mega-Ereignis gewettet. Eine Studie beziffert die Gesamtsumme aus illegalen und legalen Wetteinsätzen sogar auf mehr als 4,5 Milliarden US-Dollar. Vater Staat verdient in den USA ebenfalls mit, denn zumindest die legalen Gewinne müssen laut Gesetz beim IRS versteuert werden.

VOM SECURITY GUARD ZUM NFL-PROFI

Als Joique Bell 2011 nach Jahren im NFL-Niemandsland bei den Detroit Lions unterschreibt, kennt er sich in seinem neuen Zuhause bereits bestens aus. Als Student an der Wayne State University schuftete er nämlich einst mehrere Sommer als Security Guard beim Training Camp der Lions und hat dabei so manche interessante Aufgabe. Der gigantische Defensive Tackle Shaun Rogers steckt ihm zum Beispiel regelmäßig ein paar Scheine zu, damit Bell ihm außerhalb der Essenszeiten ein paar unerlaubte Snacks besorgt. »Das war mein Spritgeld«, schmunzelt der Runningback, der aus ärmlichen Verhältnissen in Benton Harbor, Michigan, stammt. Spätestens 2014, als ihm eine Vertragsverlängerung bei den Löwen 4,3 Millionen US-Dollar als garantiertes Gehalt zusichert, muss er sich um seine Tankfüllungen keine Sorgen mehr machen.

EIN TEURES SAMMLERSTÜCK

Das Sammeln von Trading Cards liegt vielen Amerika-
nern von Kindesbeinen an im Blut, und spätestens seit
der Finanzkrise 2008 sind die kleinen Pappbildchen
bei etlichen Menschen als Geldanlage beliebt. Der
Kaufpreis der 2017er National Treasures NFL Shield 1/1
Rookie Card inklusive Autogramm von Patrick Mahomes wird diesen Trend wohl nicht stoppen. Die teuers-
te Football-Karte aller Zeiten wechselt bei einer Auk-
tion im Juli 2021 für schwindelerregende 4,3 Millionen
US-Dollar den Besitzer.

DAS SUPER BOWL REMATCH, DAS ES NIE MEHR GEBEN WIRD

Stand 2021 ist das Aufeinandertreffen der New York
Jets und der Baltimore Colts von 1969 das einzige Mat-
chup aus dem Super Bowl, dass es in dieser Form nie
wieder als Rematch geben kann. Beide Teams spielen
in der AFC und würden wie zuletzt am 24. Januar 2010
spätestens im Championship Game ihrer eigenen
Conference aufeinandertreffen.

EIN ANRUF, DER EINE KARRIERE MACHT

An einem sonnigen Frühlingstag 1979 ist Dwight Clark gerade auf dem Sprung zu einer Runde Golf, da klingelt in seiner Studentenbude an der Clemson University das Telefon. »Hallo, hier spricht Bill Walsh«, hört Clark am anderen Ende den neuen Head Coach der San Francisco 49ers, der Clarks Zimmergenossen, Tigers-Quarterback Steve Fuller, zu einem Probetraining einladen möchte. Prompt fragt er den Senior Receiver am Hörer, ob dieser nicht für Fuller dabei die Bälle fangen könnte. Genau das tut Clark, und zwar so gut, dass ihn Walsh in Runde zehn des NFL Draft in die Bay Area holt. Während seiner legendären Karriere gewinnt Clark mit den Niners zwei Super Bowls, schafft es zweimal in die Pro Bowl Auswahl der Liga und ist im NFC Championship Game 1982 verantwortlich für »The Catch«, eines der vielleicht legendärsten Plays der NFL Geschichte, bei dem er den entscheidenden Touchdown-Pass von Joe Montana gegen die Dallas Cowboys fängt. Anschließend arbeitet Clark auch neun Jahre auf verschiedenen Positionen im Front Office seines Teams. Heute ist der am 4. Juni 2018 an der Rückenmarkskrankheit ALS verstorbene Clark Mitglied der 49ers Hall of Fame, und die Franchise wird seine Nummer 87 nie mehr an einen anderen Spieler vergeben.

TEXAS' TEAM

Ende der Siebzigerjahre steht ein NFL-Team für vieles von dem, was den Bundesstaat Texas ausmacht: Die Houston Oilers. Head Coach Oail Andrew »Bum« Phillips aus Orange, Texas, geht vorneweg und stolziert standesgemäß mit Stehkragen, Stiefeln und Cowboy-Hut an der Seitenlinie entlang, aber nur bei Auswärtsspielen. »Meine Mama hat mir verboten, drinnen jemals einen Hut zu tragen«, lacht der Kriegsveteran in Anspielung an die Heimat der Oilers, den Astrodome. In seinem Schuhschrank hat der charismatische Coach 25 Paar Cowboy-Stiefel, darunter Exemplare aus Känguruhaut oder Alligatorleder. Die Spieler verbringen viel Zeit bei Feiern auf der Ranch des Übungsleiters (Runningback Earl Campbell stellt hier sogar sein Pferd unter), fahren mit Country-Größen wie Willie Nelson ins Trainingslager, und Tight End Mike Barber vertreibt landesweit Hutbänder für Cowboy-Hüte.

DAS VERLORENE TAPE VON SUPER BOWL I

Lange vor digitalen Aufnahmemöglichkeiten und YouTube war es ziemlich teuer, TV-Übertragungen auf Film zu bannen. So auch 1967, dem Jahr des ersten AFL-NFL World Championship Game, heute bekannt als Super Bowl I. Das Spiel zwischen den Kansas City Chiefs und den Green Bay Packers wird zwar als einziges in der Geschichte von zwei TV-Sendern (CBS und NBC) gleichzeitig übertragen, doch aus Kostengründen und ohne Vorahnung über die Bedeutung der Partie überspielen beide Networks ihre Aufnahmen im Nachhinein mit Seifenopern. Jahre später findet Troy Haupt eine fast komplette Quadruplex-Aufnahme auf seinem Dachboden in North Carolina, die ihm sein krebskranker Vater einst überlassen hatte. Ursprünglich möchte er die Tapes an die Liga verkaufen, doch beide Parteien können sich nicht auf einen Preis einigen, und seitdem verbietet die NFL dank ihrem Copyright den Weiterverkauf. Zwar fehlen der vom New Yorker Parley Center For Media restaurierten Aufnahme die Halbzeit-Show sowie ein Teil des dritten Viertels, aber es ist bis heute die kompletteste Übertragung des historischen Endspiels.

CHUBBTOWN

Nick Chubb macht sich bei den Cleveland Browns schon früh in seiner NFL-Karriere einen Namen, doch eben jener ist noch aus einem ganz anderen Grund klangvoll. 1864 ziehen seine Vorfahren zu Zeiten des amerikanischen Bürgerkriegs als sogenannte »free blacks« von Virginia in den Norden Georgias und gründen unter Führung von Henry Chubb ihre eigene kleine Gemeinde namens Chubbtown. Damals versorgen die Chubbs die umliegenden Gegenden mit allerlei Waren und gehen sonntags zum Gottesdienst in die Chubb Chapel nahe der Chubb Road. Die Bewohner des Dorfes entwickeln sich fortan für viele schwarze Menschen im Süden zum Vorbild in Sachen Unternehmergeist, Arbeitseifer und Bodenständigkeit, auch während der schweren Zeiten der Rassentrennung. »Der Name erfüllt mich mit Stolz und steht noch heute für eine ganze Reihe von Werten«, sagt Nick über das Erbe seiner Familie. Ebenfalls aus dem großen Clan der Chubbs stammt Bradley, Erstrundenpick der Denver Broncos 2018 und ein Cousin von Nick.

»THE GREAT WALL OF DALLAS«

Man sagt, dass »in Texas alles ein wenig größer ist«, und für die Offensive Line der Dallas Cowboys Anfang der Neunzigerjahre trifft dies auf jeden Fall zu. »America's Team« baut seine berühmte Dynastie hinter ihrer Frontlinie auf, welche den berühmten »Triplets« Troy Aikman, Emmitt Smith und Michael Irvin fast ein Jahrzehnt lang Zeit und Raum für ihre Höchstleistungen gibt. Die Gruppe, welche als »Great Wall of Dallas« in die Geschichte eingeht, ist anfangs auf dem Papier allerdings eher ein wenig beeindruckendes Sammelsurium von unterschätzten Aussätzigen und verkannten Talenten. Weder Mark Tuinei (ungedraftet), Nate Newton (kam aus der USFL), Kevin Grogan (achte Runde), Erik Williams (dritte Runde), Mark Stepnowski (dritte Runde) noch John Gesek (zehnte Runde, kam aus Los Angeles) werden in den ersten beiden Runden des NFL Draft gezogen. Als Einheit funktionieren sie aber brillant und sammeln neben ihren drei Super-Bowl-Ringen reihenweise Pro-Bowl-Nominierungen. Auch Larry Allen, der als einziger Hall of Famer der Gruppe 1994 nach den ersten beiden Meisterschaften zum Team stößt, zieht Cowboys-Besitzer Jerry Jones in der zweiten Runde.

FÜNF SPIELE, FÜNF RESULTATE

Es gibt genau fünf Möglichkeiten, wie ein Spiel in der NFL ausgehen kann: Ein Team kann in der regulären Spielzeit gewinnen oder verlieren, es kann in der Verlängerung Sieg oder Niederlage einfahren, oder aber die Mannschaften trennen sich mit einem Unentschieden. Die Cleveland Browns schaffen es 2018, alle ihre ersten fünf Partien auf unterschiedliche Weise zu beenden. Zum Saisonauftakt gibt es ein Remis gegen die Pittsburgh Steelers, dann folgt eine knappe Niederlage gegen die New Orleans Saints. Beim Thursday Night Football in Woche drei schlagen die Browns die New York Jets und unterliegen danach in einem Overtime-Thriller bei den Oakland Raiders. Den »fehlenden« Sieg in der Verlängerung holt Cleveland eine Woche später mit 12:9 gegen die Baltimore Ravens.

CALVIN JOHNSON UND DIE LIEBE

Calvin Johnson unterhält sich in seinem zweiten NFL-Jahr während einer Pause im Trainingscamp mit Receiver-Kollege Roy Williams, und dieser zeigt auf eine junge Frau am Spielfeldrand. »Ich wette mit dir um 100

Dollar, dass du dich nicht traust, sie anzusprechen«, sagt er zum späteren Hall of Famer. »Megatron« traut sich doch, geht nach dem Training zu der Praktikantin namens Brittney McNorton und hält mit ihr einen kleinen Plausch. Wette gewonnen – sozusagen in doppelter Hinsicht. Denn sechs Jahre später treffen die beiden sich zufällig in Miami wieder, Calvin spendiert Brittney zum Geburtstag einen Kuchen, und von da an funkt es. 2016 läuten dann für die beiden Verliebten die Hochzeitsglocken.

MÜNZEN WERFEN MIT DEN CAROLINA PANTHERS

Zu Beginn eines jeden NFL-Spiels wird wie bei anderen Sportereignissen auch eine Münze geworfen, um die Seitenwahl und den Kickoff zu ermitteln. In der Saison 2012 schaffen es die Carolina Panthers, ihre ersten 13 Coin Tosses (zwölf zu Spielbeginn, einen in Overtime) allesamt zu verlieren, bevor sie in Week 14 gegen die Atlanta Falcons endlich einmal über den Ballbesitz entscheiden dürfen. Dabei stehen die Chancen für eine derartige Serie mathematisch gerade einmal bei eins zu 8192.

DAS RICHTIGE SCHUHWERK

In der Nacht vor dem 1934er NFL Championship Game lässt ein eisiger Regen das Feld der berühmten New Yorker Polo Grounds gefrieren und sorgt für widrige Bedingungen im Duell zwischen den Titelverteidigern der Chicago Bears und den heimischen Giants. Die Spieler haben mit ihren Stollen kaum Halt auf dem bitterkalten Untergrund, aber die etwas abgeklärteren Bears mühen sich trotzdem zu einer 10:3-Halbzeitführung. Da schickt Giants-Coach Steve Owen seinen Freund und Betreuer Abe Cohen ans benachbarte Manhattan College, um die Umkleiden nach besserem Schuhwerk zu durchforsten. Mit den Sneakern der College-Basketballer kommt Cohen zurück und führt damit tatsächlich die Wende herbei. Dank sicherem Tritt stürmen die Giants einem 30:13-Sieg sowie dem Titelgewinn entgegen, und jener Tag geht fortan als »Sneakers Game« in die NFL-Annalen ein.

HEIDI, HEIDI, DEINE WELT SIND DIE BERGE

Die Oakland Raiders und die New York Jets, zwei erbitterte Rivalen zu damaligen AFL-Zeiten, schenken sich am 17. November 1968 nichts und kämpfen um jeden Zentimeter des bebenden Oakland Coliseums. Die Jets führen gut eine Minute vor Schluss mit drei Punkten, die Spannung ist auf ihrem Siedepunkt ... und plötzlich erscheint eine malerische Berglandschaft. Der Fernsehsender NBC schaltet wie geplant Punkt sieben Uhr auf den Kinderfilm *Heidi* um, sehr zum Missfallen von Millionen von Football-Fans landesweit. Die Techniker haben zwar realisiert, dass die Partie Überlänge hat, und wollen eigentlich bei dem Spiel bleiben. Da aber etliche Zuschauer mit Nachfragen zum Programm die Telefonverbindungen lahmlegen, bekommt das in der Sendezentrale niemand mit. Unzählige Fans, außer jene an der Westküste mit dem Lokalfernsehen auf der Mattscheibe, verpassen damit 14 Punkte der Raiders in gerade einmal neun Sekunden und das furiose Comeback der Heimmannschaft. Als die Jets wieder in New York landen, begrüßen manche Familienmitglieder sie sogar noch mit Glückwünschen in dem Glauben, der letzte Zwischenstand wäre auch das Endergebnis gewesen.

ZAHLENSPIELCHEN

Wie auch in anderen amerikanischen Sportarten schicken viele NFL-Franchises gewisse Trikotnummern von verdienten Spielern in Rente (»retired numbers«) und vergeben sie ab einem gewissen Zeitpunkt nicht mehr. Die Dallas Cowboys und die mittlerweile in Las Vegas ansässigen Raiders glauben allerdings seit jeher nicht an diesen Brauch, wobei Dallas schon seit einigen Jahren die Nummern von Troy Aikman (Nr. 8), Emmitt Smith (Nr. 22) und Roger Staubach (Nr. 12) unter Verschluss hält. Die Falcons ziehen nach einigen auf Eis gelegten Zahlen keine Trikotnummern mehr aus dem Verkehr, ebenso haben jüngere Teams wie die Jacksonville Jaguars oder die Houston Texans Stand 2021 noch keine Ruhmeshalle in diesem Sinne. Hall-of-Fame-Verteidiger Reggie White ist bisher der einzige Spieler, dessen Rückennummer gleich von zwei unterschiedlichen Teams nicht mehr vergeben wird. Sowohl die Philadelphia Eagles als auch die

Green Bay Packers werden bis auf Weiteres niemanden mehr Whites Nummer 92 tragen lassen.

EIN HOLLYWOOD-STAR VERKAUFT HOT DOGS

Wer Ende der Achtziger- und Anfang der Neunzigerjahre im Fulton County Stadium der Atlanta Falcons Hunger hatte, der rief unter anderem nach einem jungen Mann, der später ein Hollywood-Megastar werden sollte. Samuel L. Jackson, ein lebenslanger Fan der »Dirty Birds«, verdient sich damals etwas zu seinem Studium am Morehouse College dazu, indem er bei Heimspielen seines Lieblingsteams Hot Dogs, Burger und Fritten verkauft. Heute zieht es der Pulp-Fiction-Star vor, als Zuschauer zu kommen und dabei die mit ihm eingespielten Hype-Videos der Falcons auf dem Jumbotron zu bewundern. 2010 dreht »Jules Winnfield« in Kooperation mit dem Football-Team auch einen 60 Sekunden langen Werbespot namens *Rise Up* für das Lokalfernsehen.

BILL WALSH UND SEIN ALTER ARBEITGEBER

Zwei Mal schaffen es die Cincinnati Bengals in ihrer Geschichte in den Super Bowl, scheitern aber sowohl 1981 als auch 1988 an den San Francisco 49ers. Besonders bitter ist daran, dass an deren Seitenlinie ein ehemaliger Angestellter der Bengals coacht. 1968 bekommt Bill Walsh nach bis dato nur einem Profijahr in der AFL seine zweite Chance als Assistenztrainer in Cincinnati. Unter dem legendären Head Coach Paul Brown entwickelt er hier seine berühmte West Coast Offense, um sich die Genauigkeit von Quarterback Virgil Carter zunutze zu machen und dessen eher mittelmäßigen Deep Ball zu kaschieren. Acht Jahre bleibt Walsh in Ohio, erst als Wide Receiver Coach und später auch als Quarterbacks Coach. Das Gelernte verschafft ihm ein paar Jahre darauf dann den Chefposten bei den San Francisco 49ers, mit denen er zu den absolut besten Teams der NFL gehört und insgesamt drei Meisterschaften in den Achtzigerjahren gewinnt. Einer seiner Top-Spieler ist dabei Superstar Jerry Rice, den die Bengals ebenfalls im Draft 1985 hätten nehmen können.

VIER SIEGE REICHEN FÜR DIE PLAYOFFS

Die Cleveland Browns verbringen 1982 das nie da gewesene Kunststück und ziehen mit gerade einmal vier Siegen in die NFL Playoffs ein. Diese Zahl reicht aber nur, weil die Saison aufgrund des 57 Tage andauernden Spielerstreiks nach Week Two auf insgesamt neun Spiele verkürzt wird. In der Wild Card Round der Postseason ist dann auch schnell Schluss, denn die Browns unterliegen den Los Angeles Raiders mit 10:27.

EIN BASEBALL-TEAM VOLLER QUARTERBACKS

Lange bevor Bo Jackson im Trikot der Kansas City Royals parallel zu seiner Football-Karriere für Aufsehen beim Baseball sorgt, angeln sich die »Königlichen« schon einmal ein paar Football-Spieler, die gleichzeitig als große Talente mit dem Schläger in der Hand gelten. Im MLB Draft 1979 draften sie nicht nur Dan Marino in der vierten Runde, sondern wählen auch noch John Elway in Runde 19 aus. Beide entscheiden sich in diesem Jahr gegen die frühe Profikarriere als Baseballer und für ihre jeweiligen College-Stipendien. Zwei Jahre später ist John Elway allerdings schon einen Schritt näher am Diamond, als ihn die New York Yankees in der zweiten Runde des Drafts zu sich holen und ihm prompt 150 000 US-Dollar für einen Sommer bei den Oneonta Yankees bezahlen, einem damaligen Farm-Team des Major League Rekordmeisters. Elway spielt sogar sehr respektabel und schlägt eine .318er Batting Average, wendet sich dann allerdings doch Vollzeit dem American Football zu. Sehr zur Freude seines späteren Arbeitsgebers, den Denver Broncos.

DER SPIELER, DER NICHT WEIß, DASS ER GEDRAFTET WURDE

Als die Philadelphia Eagles 1944 Fullback Norm Michael im NFL Draft auswählen, ist dieser schon auf dem Weg nach Alabama, wo er sich bei der US Army zum Militärdienst melden soll. Die Eagles können ihn nicht ausfindig machen, und er selbst bekommt überhaupt nicht mit, dass er in die NFL gedraftet wurde. Dies ändert sich erst 55 Jahre später, als sein Sohn von der Geschichte in der Zeitung liest. Michaels Sprössling schreibt den Eagles daraufhin einen nicht ganz ernst gemeinten Brief, in dem er freundlich fragt, ob die Eagles seinem Vater nicht noch einen Signing Bonus schuldig sind.

MARVIN GAYE VERSUCHT SICH BEI DEN LIONS

1970 unterstützen Lem Barney und Mel Farr, beide Pro Bowler bei den Detroit Lions, ihren Freund Marvin Gaye auf dessen ausdrücklichen Wunsch als Background-Vocals bei seinem Hit *What's Goin On*. Der Motown-Legende, damals in einer suchenden Episode seines Lebens, kommt daraufhin die Idee, dass er es doch auch einmal in der Profession seiner Freunde versuchen könnte. Der lebenslange Fan der Detroit Lions trainiert fortan wie ein Profiathlet, und obwohl er weder an der Highschool noch am College Football gespielt hat, lädt ihn Lions-Coach Dave Schmidt tatsächlich zu einem Tryout ein. Der 31-jährige Musiker schlägt sich auf verschiedensten Positionen wie Receiver oder Runningback sogar beachtlich, für eine

Nominierung im Training Camp reicht es allerdings nicht. »Aber ich glaube, die Gewissheit, es versucht zu haben, hat ihm gutgetan«, resümiert der bekennende Gaye-Fan Schmidt hinterher.

KEINE OFFENSE, KEIN PROBLEM

In ihrer Premierensaison 2002 treten die Houston Texans am 8. Dezember bei den Pittsburgh Steelers an und bringen es gerade einmal auf verschwindend geringe 47 Total Yards. Noch schlechter erscheint dieser Wert, wenn man ihn mit den 422 Yards vergleicht, welche die Steelers an diesem Tag auf den Rasen zaubern. Fast zwei Drittel des Spiels sind die Steelers im Ballbesitz und haben beim Schlusspfiff 21 First Downs mehr als ihr Gegner. Nutzen tut es ihnen allerdings nichts, die Texans gewinnen die Partie locker mit 24:6. Zwei Interceptions sowie ein Fumble tragen sie dabei in die Endzone, und den Rest besorgt ein 43 Yard Field Goal von Kris Brown. Die Angriffsleistung der Texans ist die schlechteste, mit der ein Team in der NFL jemals ein Spiel gewinnen kann.

JA'MARR CHASE UND ZWEI PAAR SCHUHE

Wide Receiver Ja'Marr Chase erobert die NFL 2021 als Rookie bei den Cincinnati Bengals förmlich im Sturm und führt dabei ein relativ ungewöhnliches Ritual aus College-Tagen fort. Schon bei den LSU Tigers, wo er in seinem letzten Jahr sowohl den Fred Biletnikoff Award für den besten Receiver des Landes als auch die National Championship gewinnt, fängt er damit an, in jeder Halbzeitpause seine Schuhe zu wechseln. Das Ganze hat einen relativ praktischen Ursprung. »Meine Socken waren nach zwei Vierteln immer ein wenig nass, und ich wollte einfach nicht in meinen Schuhen hin und her rutschen«, meint Chase lachend. »Irgendwie war es ein gutes Gefühl, und dann bin ich einfach dabeigeblieben.«

DIE HAUSBESETZER AUS MINNESOTA

Seit 2002 spielen die Detroit Lions in ihrem aktuellen Heimstadion, dem überdachten Ford Field inmitten der Motor City. Aufgrund jahrelanger Erfolglosigkeit der Löwen wird in den folgenden Spielzeiten aber

nie ein Monday Night Football Game von dort ausge-
strahlt. Als dann am 13. Dezember 2010 endlich das
erste Mal montags zur Primetime aus der Metropole
übertragen wird, dürfen die Lions trotzdem nicht mit-
machen. Da ein Schneesturm das Dach des Metro-
dome in Minnesota beschädigt hatte, wird das Spiel
zwischen den Minnesota Vikings und den New York
Giants nach Detroit und auf den Montag verlegt. An
diesem Tag endet auch Brett Favres Iron Man Streak
von 297 aufeinanderfolgenden Starts aufgrund einer
Schulterverletzung.

»THE MIRACLE AT THE MEADOWLANDS«

17:12 führen die New York Giants am 19. November
1978 gegen die Philadelphia Eagles und müssen bei
31 verbleibenden Sekunden eigentlich nur noch zwei
Mal auf den Boden fallen, um die Partie siegreich zu
beenden. Die Fernsehcrews packen bereits zusammen, etliche Fans verlassen fröhlich das Stadion, um
der Rush Hour zuvorzukommen, doch plötzlich laufen
die Giants noch ein Play. Joe Piscarik verstolpert die
Ballübergabe an Larry Csonka, der Ball springt vom

Boden auf und direkt in die Hände von Eagles-Vertei-
diger Herman Edwards. Als dieser den Ball in der gegnerischen Endzone frenetisch in den Boden »spiked«,
ist es wie ein Dolchstoß in die Herzen der komplett
fassungslosen Giants-Fans, die wie viele andere auch
gedacht hatten, das Spiel sei gegessen. Viele ordnen
den unerklärlichen Fauxpas hinterher als einen der
dümmsten Spielzüge der NFL-Geschichte ein, unter
anderem wohl auch die Besitzer der New York Giants.
Sie entbinden das Trainerteam rund um John McVay
nämlich direkt nach dem Saisonende von jeglichen
Aufgaben.

EIN ZUHAUSE IN DER FERNE

Die San Francisco 49ers ziehen 2014 vom altehrwür-
digen Candlestick Park in ihre neue moderne Heimat
namens Levi's Stadium um. Der Umzug ist nicht ganz
ohne Kontroverse, da sich manche Kommunalpoliti-
ker dagegen sträuben, den 49ers weiterhin die Ver-
wendung ihres Stadtnamens zu erlauben. Schließlich liegt die neue Basis der Niners in Santa Clara und
damit fast 30 Kilometer außerhalb der Stadt. Letztendlich glätten sich die Wogen wieder, aber an ihrer

neuen Wirkungsstätte werden die 49ers zur einzigen US-Sportfranchise, die weiter von ihrer namensgebenden Stadt weg ist, als sie an einer größeren Metropole dran liegt. Das benachbarte San Jose hat fast 150 000 Einwohner mehr als die »City by the Bay« und wäre damit fast eine logische Heimat. Aber eben nur fast.

DANISH DYNAMITE

Der in Kopenhagen geborene Kicker Morten Andersen absolviert mit 382 regulären Saisonspielen mehr als jeder andere in der NFL-Geschichte, schafft es in zwei All-Decade-Teams der Liga und wird nach seinem Karriereende im Alter von 48 Jahren in die Pro Football Hall of Fame aufgenommen. Die Langlebigkeit seiner beeindruckenden Laufbahn verdeutlicht eine kuriose Tatsache: Als Andersen 1982 von den New Orleans Saints gedraftet wird, heißt der Quarterback seiner Mannschaft Archie Manning. Zum Zeitpunkt, als Andersen die Schuhe an den Nagel hängt, sind Mannings Söhne Eli und Peyton selbst erfolgreiche NFL-Quarterbacks mit jeweils einem Super Bowl in der Tasche.

DER FANGENDE LINEBACKER

In seinem Hauptberuf als Linebacker gewinnt Mike Vrabel mit den New England Patriots insgesamt drei Super Bowl Ringe, doch sein Coach Bill Belichick setzt den Verteidiger auch regelmäßig bei Spielzügen nahe der gegnerischen Endzone ein. Insgesamt fängt Vrabel während seiner NFL-Karriere zwölf Pässe, alle davon enden mit einem Touchdown. Dabei kommt er auf geradezu unverschämt effiziente 17 Receiving Yards.

DIE »STEAGLES«

Vor der Saison 1943 fehlt es vielen NFL-Teams an aktiven Spielern, weil etliche Akteure aufgrund des Zweiten Weltkriegs vom Militär eingezogen werden. Die Cleveland Rams müssen sogar aus Mangel an Personal ihren Spielbetrieb für ein Jahr aussetzen, ihre restlichen Spieler werden für ein Jahr ligaweit verteilt. Die Pittsburgh Steelers haben gerade einmal sechs Athleten unter Vertrag, und obendrein herrscht aufgrund von Clevelands Absage sowie der damit verbundenen ungeraden Anzahl an Teams Chaos bei der Spielplanerstellung. Die Lösung jeglicher Widrigkeiten wird ein Zusammenschluss der beiden Mannschaften aus Pennsylvania – den Steelers und den Philadelphia Eagles. 15 ihrer 24 Spieler wurden aufgrund gewisser »Unzulänglichkeiten« vom Dienst an der Waffe entbunden, wie zum Beispiel Tony Bova, der auf einem Auge blind ist, oder Ray Graves, seines Zeichens teilweise taub. Das in den Ligalisten als »Phil-Pitt« geführte Team bekommt schnell den Spitznamen »Steagles« und boxt sich trotz doppeltem Zuhause ziemlich respektabel durch die Saison. Obwohl ihre Spieler nebenberuflich in der Rüstungsindustrie schuften müssen, führen die beiden Co-Coaches Earl »Greasy« Neale und Walt Kiesling ihre zusammengewürfelte Mannschaft zu fünf Siegen und einem Unentschieden in insgesamt zehn Partien. »Dabei konnten sich die beiden überhaupt nicht leiden«, resümiert Steagles-Tackle Frank Kilroy hinterher. »Die meiste Zeit gingen sie sich gegenseitig an die Gurgel.«

SCORIGAMI NFL STYLE

»Scorigami« beschreibt im Sport ein vorher noch nie da gewesenes Endergebnis, was im American Football aufgrund seiner doch eher unüblichen Punktzählweise etliche interessante Kombinationen offenbart. Journalist Jon Bois findet die ganze Geschichte so spannend, dass er 2016 eine eigene Webseite ins Leben ruft, auf der er in einem großen Chart alle möglichen Ergebniskombinationen skizziert. Die heimlichen Könige der Grafik sind die Seattle Seahawks, die sich von 2010 bis 2018 in dieser Hinsicht besonders eifrig geben und jedes Jahr ein vorher nie da gewesenes Endergebnis schaffen. »Daran arbeiten wir in der Offseason«, schmunzelt Head Coach Pete Carroll, angesprochen auf die kuriose Leistung. Es gibt beim Scorigami sogar dank der Conversion Safety theoretisch die Möglichkeit, dass ein Team am Spielende nur einen Punkt auf dem Konto hat. Der zurückgetragene Extra-Punkt oder Two-Point-Conversion-Versuch plus anschließendem Fumble und Safety auf der anderen Spielfeldseite hat bisher aber wenig überraschend noch nie stattgefunden.

MIT ERIC BERRY GEHEN DIE PFERDE DURCH

»In Comics oder Cartoons sehen Pferde immer so süß aus, haben einen Regenbogen als Mähne oder so, aber das Pferd, was mich als Kind in einem Streichelzoo gebissen hat, war alles andere als cool«, sagt der frühere Chiefs Safety Eric Berry und erklärt damit, warum er unter Equinophobie leidet, der panischen Angst vor Pferden. Für Berry, der sich während seiner Karriere von einem Kreuzbandriss und einem bösartigen Tumor im Lymphsystem zurück aufs Feld kämpft, sind zeitweise vor allem die Heimspiele seiner Kansas City Chiefs problematisch. Eines der Maskottchen der »Häuptlinge« ist nämlich eine Schecke namens »Warpaint«, die nach jedem Chiefs-Touchdown sehr zum Unmut des Pro Bowlers eine Ehrenrunde durch das Arrowhead Stadium dreht. Nach einiger Zeit begegnen sich die beiden dann doch einmal in Begleitung einer Fernsehkamera, und der Termin läuft sogar verhältnismäßig harmonisch ab. »Wir arbeiten an unserer Beziehung und es war wirklich ganz cool«, sagt ein grinsender Berry hinterher.

EIN TITAN WIRD ZUM SCHNÄPPCHEN

2019 ist Derrick Henry mit 1540 Rushing Yards der beste Läufer der gesamten NFL, mit 16 Touchdowns findet er auch öfter als jeder andere Back die Endzone. Sein Ersatzmann Dion Lewis schafft währenddessen 209 Rush Yards, verdient mit einem Jahresgehalt von vier Millionen US-Dollar aber fast vier Mal so viel wie der kräftige Pro Bowler Henry (1,18 Millionen). Im Jahr darauf korrigieren die Titans das Ungleichgewicht allerdings und statten Henry mit einem neuen Vierjahresvertrag über 50 Millionen US-Dollar aus.

ADAM VINATIERI UND GENERAL CUSTER

Als einer der verdientesten Kicker der NFL-Geschichte ist Adam Vinatieri nicht das einzige Mitglied seiner Familie, über das man so manche interessante Geschichte erzählen kann. Felix Vinatieri, der Ururgroßvater des vierfachen Super-Bowl-Champions, dient Ende des 19. Jahrhunderts nämlich in der Armee des berühmten General Custer. Nach dem Bürgerkrieg zieht dieser 1876 während der Indianerkriege in die fatale Schlacht am Little Bighorn, um welche sich noch heute etliche amerikanische Legenden ranken. Custer selbst verleitet damals seinen Kapellmeister Vinatieri sowie dessen Musiker, im Fort Abraham Lincoln zu bleiben, und rettet ihm damit indirekt das Leben. »Wäre er damals nicht im Fort geblieben, dann gäbe es wohl heute gar keine Vinatieris«, fasst Adams Vater Paul mit einem Lächeln zusammen.

2020 IST EIN JAHR WIE KEIN ANDERES

Die 2020er-Saison ist in der NFL aus mehreren Gründen eine ganz besondere, nicht zuletzt, weil sie vor dem Hintergrund der Covid-19-Pandemie unter allerlei Einschränkungen und Regeländerungen abgehalten wird. Gerade die limitierte Anzahl oder das komplette Fehlen von Zuschauern in den Stadien scheint sich auf die Spiele auszuwirken, denn zum ersten Mal in der Geschichte der Liga gibt es – abgesehen von einem Unentschieden – mehr Auswärtssiege (128) als Heimerfolge (127). Dazu werden die Playoffs mit 14 anstatt mit zwölf Mannschaften gespielt, und es handelt sich um die letzte Saison, bevor die Liga ihren Spielkalender auf 17 reguläre Saisonspiele erweitert.

DER BESONDERE SUPER BOWL SUNDAY

Der Sonntag des Super Bowl gleicht in Amerika einem nationalen Feiertag. Es ist nicht nur der Tag, an dem nach Thanksgiving in den USA das meiste Essen im Jahr verzehrt wird (unter anderem geschätzte 1,4 Milliarden Chicken Wings, über elf Millionen Pfund Kartoffelchips sowie acht Millionen Pfund Guacamole), sondern auch das Datum, an dem landesweit die wenigsten Menschen den heiligen Bund der Ehe eingehen. Man könnte ja etwas verpassen.

EXTRA POINT

LUSTIGES UND ANEKDOTEN

BEISTAND VON GANZ OBEN

Anfang der Neunzigerjahre kennt Green-Bay-Packers-Coach Mike Holmgren nicht nur die überragenden sportlichen Fähigkeiten von Reggie White, er weiß auch um den strengen Glauben des Baptistenpredigers. Als Whites Vertrag bei den Philadelphia Eagles 1993 ausläuft, nimmt Holmgren das Telefon in die Hand und spricht mit tiefer Stimme auf die Mailbox des Pro Bowlers: »Reggie, hier spricht Gott, ich möchte, dass du für die Packers spielst.« White findet die scherzhaft gemeinte Avance großartig und setzt kurz darauf seine Unterschrift unter einen Vierjahresvertrag in Green Bay, wo er einige Jahre später, wahrscheinlich auch durch ein bisschen göttlichen Beistand, seinen ersten und einzigen Super Bowl gewinnen soll.

ELVIS DUMERVIL & DIE DIGITALISIERUNG

Die Denver Broncos müssen 2013 den Vertrag mit ihrem Star-Pass-Rusher Elvis Dumervil aufgrund des Salary Caps neu verhandeln, andernfalls wären sie gezwungen, ihn aufgrund seines zu hohen Gehalts zu entlassen. Es geht zwischen den beiden Parteien hin und her, doch dann findet man eine Einigung. Weil sein Agent Marty Magid in Philadelphia weilt, muss Dumervil den unterschriebenen Vertrag selbst aus einer Drogerie in Miami via Fax nach Denver schicken. Eben jenes Fax kommt sechs Minuten zu spät bei den Broncos an, die somit gezwungen sind, Dumervil zu entlassen. Gleiches Schicksal ereilt Magid, denn der Pass Rusher ist alles andere als begeistert von der Arbeit seines Agenten, dem somit auch seine Prozente an Dumervils neuem Vertrag entgehen, der kurz darauf für fünf Jahre und 35 Millionen US-Dollar bei den Baltimore Ravens unterschreibt.

OLIN KREUTZ VERÄPPELT KYLE ORTON

Kyle Orton fühlt sich 2005 geehrt, als Center Olin Kreutz, ein hartgesottener Team Leader bei den Chicago Bears, den Rookie im Training Camp darum bittet, einen Helm für seine Familie zu unterschreiben. Gerne gibt Orton dem Teamkollegen das Autogramm. Kurze Zeit später muss er allerdings feststellen, dass es sein eigener Helm war, mit dem er nun inklusive seiner Unterschrift das gesamte Training absolvieren darf.

WARUM JOE NAMATH NICHT FÜR NOTRE DAME SPIELT

Anfang der Sechzigerjahre ist Joe Namath einer der gefragtesten High School Quarterbacks der USA, neben allen anderen Top Colleges des Landes sind auch die legendären Notre Dame Fighting Irish hinter ihm her. Für Namath allerdings stellt die katholische Privatuni aus zwei Gründen keine Option dar. Erstens ist er nicht besonders von ihrem Coach Joe Kuharich überzeugt, und zweitens waren damals in South Bend keine Studentinnen eingeschrieben. »Sie sagten mir, dass es eine Hochschule für Frauen direkt auf der anderen Seite des Sees gäbe«, erinnert sich Namath Jahre später in einem Interview mit dem *Playboy*. »Soll ich da etwa jedes Mal rüberschwimmen, um ein Date auszumachen?« Namath entscheidet sich schließlich für die University of Alabama, gewinnt unter »Bear« Bryant 1964 eine National Championship und soll es der Legende nach während seiner vier Jahre in Tuscaloosa auf weit mehr als 300 »Dates« gebracht haben.

LOU HOLTZ & DAS MISSVERSTÄNDNIS MIT DEN NEW YORK JETS

So mancher Jets-Fan runzelt bereits die Stirn, als ihr neuer Coach Lou Holtz bei seiner Vorstellung 1976 davon spricht, dass es nicht viele bessere Jobs als den Trainerposten bei dem New Yorker Franchise gäbe. Dabei hat »Gang Green« in den sechs Jahren stets mehr Niederlagen als Siege eingefahren. Aber woher soll der bis dato nur am College aktive Holtz das auch wissen, schließlich erzählt er NFL-Films-Gründer Steve Sabol vor seinem ersten Preseason Game in New York, dass er noch nie in seinem Leben ein NFL-Spiel gesehen hat. Wenig überraschend dauert die Ära Holtz in den Meadowlands nur 13 Spiele.

EIN »FLITZER« FÜR DAS FERNSEHEN

Das NFL Championship Game 1958 zwischen den New York Giants und den Baltimore Colts ist ein erbittertes Ringen um jeden Zentimeter. Auf eisigem Geläuf im Yankee Stadium wird der monumentale Kampf zweier Schwergewichte als erstes Spiel der Geschichte in einer Sudden-Death-Verlängerung entschieden. 45 Millionen fiebern am Fernseher mit, als Johnny Unitas die Colts in der Overtime gen Giants-Endzone führt, doch dann werden auf einmal alle Bildschirme grau. Jemand hat im Jubel vor Ort das Fernsehkabel herausgetreten – ein Schock für den Fernsehsender NBC. Doch Rettung naht in Form eines vermeintlich Betrunkenen, der das Feld stürmt und damit das Spiel für einige Momente unterbricht. Der Mann, der kurz darauf von der Polizei geschnappt wird, ist allerdings vollkommen Herr seiner Sinne. Er heißt Stan Rotkie-wicz, arbeitet als Business Manager sowie Statisti-ker für NBC und gibt mit seiner Aktion den Kollegen Zeit, die technischen Probleme wieder auf die Reihe zu kriegen. Wenige Plays später entscheidet Fullback Alan »The Iron Horse« Ameche mit einem 1-Yard-Run das oft als »Greatest Game Ever Played« bezeichnete Spiel für Baltimore.

DIE KNIE EINES ALTEN VETERANEN

E.J. Holub spielt zehn Jahre lang für die Kansas City Chiefs (ehemals Dallas Texans) in der AFL sowie in der NFL und hält dabei auf beiden Seiten des Balles seine

Knochen hin. Zwölf Knieoperationen muss der fünffa-che AFL-All-Star über sich ergehen lassen, nimmt das Ganze aber relativ locker. »Meine Knie sehen halt aus, als ob sie eine Messerstecherei gegen einen Winzling verloren hätten«, erklärt der gebürtige Texaner mit einem Lächeln.

JOHNNY MANZIEL AKA »BILLY VEGAS«

Johnny Manziels NFL-Karriere ist nicht von langer Dau-er, doch die extrovertierte Quarterback-Hoffnung der Cleveland Browns sorgt dennoch für etliche verrückte Anekdoten. Vor dem letzten Spiel der 2015er-Saison steht Manziel eigentlich mit einer Gehirnerschütte-rung auf der Verletztenliste, hält es dennoch für eine gute Idee, einen Tag vor dem letzten Spiel des Jahres gegen Pittsburgh für einen Party-Marathon nach Las Vegas zu fliegen. Als er in einer Bar trotz Inkognito-Outfit erkannt wird, kauft er sich in einem Kostümla-den eine blonde Perücke inklusive Klebeschnurrbart, nennt sich fortan »Billy Vegas« und versucht, den Plan noch mithilfe eines gefälschten Instagram-Fotos mit seinem Hund in Avon, Ohio, abzusichern. Dermaßen vorbereitet macht Manziel mit Freunden die Nacht zum Tag. Als er eine Stunde vor seinem eigentlichen Arzttermin in Cleveland im Hotelzimmer in Vegas aufwacht, läuft sein Telefon förmlich mit Nachrichten über. »Da habe ich es einfach in die Schublade getan und gesagt, dass ich mich darum kümmere, wenn ich aufwache«, erzählt Manziel Jahre später. Zu diesem Zeitpunkt hat die Geschichte längst Beine bekommen, und über ihn wie auch über die Browns bricht ein riesiges PR-Desaster zusammen. Für Manziel ist es in Kombination mit anderen Problemen abseits des Feldes nicht nur das Ende seiner NFL-Karriere, die Episode wirft auch ein Licht auf die ernsten Schwierigkeiten von »Johnny Football«, dessen schwere Suchtprobleme später öffentlich bekannt werden.

ZWEI TIERISCH GUTE LINEBACKER

Ray Nitschke von den Green Bay Packers und Dick Butkus von den Chicago Bears sind während ihrer Karriere sowohl Spiegelbilder voneinander als auch zeitweise erbitterte Rivalen um den Titel des besten Middle Linebackers der NFL. Lange nach ihrer aktiven Zeit treten die beiden Absolventen der University of Illinois aber gemeinsam auf, und zwar in regional ausgestrahlten TV-Werbespots für die Automarke Oldsmobile. Nitschke nennt sogar seinen Hund »Butkus«, genauso wie Schauspieler Sylvester Stallone, dessen Bull Mastiff neben ihm in der Rocky-Filmreihe mitspielt. Butkus revanchiert sich zumindest bei seinem Hall-of-Fame-Kollegen aus Green Bay für die Namensnutzung und gibt seiner Katze den Namen »Nitschke«.

DER DOPPELTE BILL PARCELLS

Der zweifache Super-Bowl-Sieger Bill Parcells macht sich während seiner legendären Trainerlaufbahn einen Namen als einer der besten Übungsleiter der NFL-Geschichte. Dabei ist »Bill« gar nicht sein richtiger Name, geboren wird er 1941 als Duane Charles Parcells in Engelwood, New Jersey. In seiner High School gibt es einen anderen Jungen, der ihm zum Verwechseln ähnlich sieht und auf den Namen »Bill« hört. Etliche Mitschüler rufen Parcells damals ständig beim falschen Namen. Dem späteren Hall of Famer gefällt der Klang, und er nennt sich von da an einfach nach seinem Doppelgänger.

DER COWBOY, DER SICH SELBST ESSEN KONNTE

Nate Newton sagt einmal über sich selbst: »Emmitt Smith mag der Rushing Leader der Liga sein, aber ich bin der Anführer beim Essen.« Der schwergewichtige Guard der Dallas Cowboys, mit denen er drei Super Bowls gewinnt und sechs Mal in den Pro Bowl gewählt wird, ist während seiner Karriere immer ganz vorn dabei, wenn es um die Nahrungsaufnahme geht. Die Speisen des *Coppell Deli* liebt der Mann, den sie ob seiner immensen Ausmaße (1,91 Meter, 152 Kilogramm) »The Kitchen« nennen, sogar so sehr, dass dessen Eigentümer und zeitweiliger Nachbar Newtons Jay Khorrami gleich drei Sandwiches nach dem Lineman benennt. Eines davon wird später umbenannt in »The Stubbs«, denn Cowboys-Tight-End Daniel Stubbs verspeist fast täglich eines der großen Butterbrote mit Speck, Wurst und Eiern. Newton schwört der Völlerei nach seiner Karriere allerdings ab. Aufgrund von zunehmenden gesundheitlichen Problemen sowie einem zeitweiligen Höchstgewicht von fast 190 Kilogramm lässt er sich mithilfe einer Operation den Magen verkleinern. Mittlerweile wiegt er fast die Hälfte von dem, was er auf dem Zenit seiner NFL-Laufbahn auf die Waage brachte.

BUTCH CASSIDY & THE SUNDANCE KID

Fullback Larry Csonka und Runningback Jim Kiick sind schon vom ersten gemeinsamen Tag bei den Miami Dolphins 1968 unzertrennlich. Die leichtlebigen Schlitzohren genießen nicht nur zusammen das Nachtleben und die schönen Seiten von South Beach, 1971 bleiben sie auch gemeinsam dem Training fern, um bessere Verträge für sich auszuhandeln. Nebenbei trainieren sie trotzdem fleißig, schaffen es aber immer wieder, der nach Schlagzeilen durstenden Presse im Stile zweier Ganoven auf der Flucht zu entwischen. In Anlehnung an die legendären Western Outlaws sowie den gleichnamigen Film mit Paul Newman und Robert Redford aus dem Jahre 1969 bekommen sie in der Folge den Spitznamen »Butch Cassidy & the Sundance Kid«. Regelmäßig spielen sie mit diesem Alter Ego, schreiben zusammen ein Buch, reiten auf Pferden sowie mit voller Westernmontur für Werbespots durch Miami und entwickeln sich zu echten Lieblingen der Medien. Sportlich läuft es bei den beiden auch äußerst harmonisch, tragen sie als Backfield-Kollegen doch zur perfekten 1972er-Saison der Dolphins bei.

HOLLYWOOD HENDERSON VS. TERRY BRADSHAW

Vor dem Super Bowl XIII zwischen Dallas und Pittsburgh lässt Cowboys-Linebacker Thomas »Hollywood« Henderson die versammelte Presse wissen, was er von der Intelligenz von Steelers-Quarterback Terry Bradshaw hält. »Er ist so dumm, dass er euch nicht das Wort ›Cat‹ buchstabieren könnte, wenn ihr ihm das ›C‹ und das ›T‹ vorsagt«, stichelt Henderson, der hinterher allerdings mit seinem Team im Endspiel das Nachsehen hat.

ES IST ETWAS FAUL IM STAATE PENNSYLVANIA

Am 8. Februar 1936 tätigen die Pittsburgh Steelers nicht nur den ersten Draft Pick ihrer erfolgreichen Franchisegeschichte, ihr neuester Spieler hört auch noch auf den klangvollen Namen William Shakespeare. Es ist allerdings nicht der berühmte englische Dramatiker, der zu diesem Zeitpunkt schon seit über 300 Jahren unter der Erde liegt, sondern ein All American Halfback und Punter von der Notre Dame University. Shakespeare, bei seinen Freunden unter dem Namen »Bill« bekannt, verzichtet aber aus finanziellen Gründen auf eine Football-Karriere und heuert lieber bei der Cincinnati Rubber Company an, einer Gummifirma aus Ohio, für die er fast sein gesamtes Leben arbeitet.

KEIN GLÜCK FÜR RAYFIELD WRIGHT

Die Dallas Cowboys führen im Super Bowl X gegen ihre erbitterten Rivalen aus Pittsburgh mit 10:7 im vierten Viertel. Plötzlich läuft eine ganz in Weiß gekleidete Frau mit einem Cowboy-Hut auf das Feld und übergibt dem riesigen Cowboys-Tackle Rayfield Wright eine silberne Kette mit einem Hufeisen-Anhänger. »Ein Glücksbringer für dich«, sagt die Dame namens Bambi Brown zu Wright, im Hauptberuf ist sie exotische Tänzerin. Der Pro Bowler wirft die Kette aber zu Boden und sagt, dass er nicht an solchen Hokuspokus wie Glücksbringer glaube. In der Folge punkten die Steelers zwei Mal und gewinnen am Ende mit vier Punkten Vorsprung. »Ich hätte sie wohl behalten sollen«, sagt Wright später.

BARFUß ZU NFL-RUHM

Es gab eine Zeit in der NFL-Geschichte, da macht sich unter den ohnehin von vielen als Unikum empfundenen Kickern eine richtige kleine Bewegung breit. Tony Franklin ist 1979 der erste Kicker der Liga, der seine Field Goals barfuß schießt, und das sogar extrem erfolgreich. Nachdem er schon am College etliche Rekorde aufstellt, schafft es Franklin als Profi in den Pro Bowl, kickt zwei Mal im Super Bowl und trifft in seinem Rookie-Jahr für die Philadelphia Eagles sogar aus 59 Yards Entfernung. »Die Menschen dachten, ich wäre ein ziemlicher Idiot«, meint Franklin nach der Karriere schmunzelnd. »Aber es war die beste Art und Weise, wie ich kicken konnte.« Ihm folgen bis 1990 noch ein paar weitere Spieler, die auf einen Schuh an ihrem Fuß verzichten. (Und mit John Goodson von den Steelers entscheidet sich auch ein Punter dafür, von seinem Schuhwerk keinen Gebrauch zu machen.) Rich Karlis bringt es für die Denver Broncos sogar bis auf das Cover von *Sports Illustrated*, als er sie 1986 mit einem Game-Winner gegen Cleveland zum Super Bowl schießt.

WO IST MEIN HELM?

Als die explosive Offense der Buffalo Bills im Super Bowl XXVI gegen die Washington Redskins am 26. Januar 1992 das Feld betritt, fehlt zur Verwunderung der gesamten Football-Welt ihr vielleicht bedeutendstes Mitglied: Halfback Thurman Thomas. Man sieht den Liga MVP hektisch an der Seitenlinie herumirren und wütend vor sich hin schimpfen, denn er kann seinen Helm nicht finden. Kurz vor dem zweiten Spielzug bringt der aufgelöste Equipment Manager Dave Hojnowski Thomas seinen Kopfschutz, und er kann endlich ins Spiel eingreifen. Helfen tut es nichts, die Redskins dominieren die Bills und siegen deutlich mit 37:24. Was genau passiert ist, weiß bis heute niemand, aber das Missgeschick hängt wohl irgendwie damit zusammen, dass der Helm für den Aufbau der improvisierten Bühne bewegt wurde, von welcher aus Harry Connick jr. an diesem Abend die Nationalhymne singt. Bei der Super-Bowl-Pressekonferenz im darauffolgenden Jahr nimmt Thomas die Geschichte jedenfalls mit Humor und verteilt Miniaturhelme an die versammelten Journalisten.

TICKETS FÜR DEN »KING OF ROCK 'N' ROLL«

Elvis Presley, der »King of Rock 'n' Roll«, begründet selbst Jahre nach seinem Tod Mitte der Achtzigerjahre noch einen wahrhaftigen Kult, und so mancher glaubt sogar, er wäre immer noch am Leben. Als die Houston Oilers in seiner letzten Ruhestätte Memphis in einem Vorbereitungsspiel auf die New England Patriots treffen, will Coach Jerry Glanville Presley teilhaben lassen. Er hinterlässt an der Kasse ein Ticket für den Interpreten von *Jailhouse Rock* und tritt damit eine ungeahnte Welle los. »Ich habe das nur einmal gemacht, aber irgendwann haben die Leute erzählt, ich würde bei jedem Spiel Tickets für ihn bereithalten«, berichtet Glanville, lange nachdem seine Laufbahn ausgeklungen ist. »Ich sage es euch, das macht das Internet.« Gepasst hätte es zu dem charismatischen Defensiv-Guru allemal. Er prägt die Redensart, welche NFL als »not for long« übersetzt, trägt an der Seitenlinie ausschließlich Schwarz, fährt leidenschaftlich gerne Replicas von Automodellen, die dem großen James Dean gehört haben, und startet sogar noch während seiner Trainerzeit in Atlanta eine Karriere als Fahrer in der NASCAR-Serie.

EIN WESTERN-STAR FÜR DIE FALCONS

Im NFL Draft 1972 erlaubt sich Atlanta-Falcons-Coach Norm Van Brocklin mit seinem letzten Pick einen kleinen Scherz als Publicity Stunt. »Wollt ihr den härtesten und toughesten Mistkerl dieses Drafts haben?«, brüllt er seinem Coaching Staff zu, ruft dann bei der NFL an und verkündet, dass sein Team John Wayne von der Fort Apache State University auswählt. Den scherzhaften Pick des gefeierten Western-Stars und Kultschauspielers findet die NFL weniger lustig und erklärt ihn für ungültig. Unter seinem bürgerlichen Namen Marion Morrison hatte Wayne tatsächlich einmal Football an der University of Southern California gespielt, dies ist 1972 allerdings schon über 30 Jahre her.

MAN TRIFFT SICH IMMER ZWEIMAL IM LEBEN

In den Achtzigerjahren dient Michael Strahans Vater Gene als US Army Major im Benjamin Franklin Village nahe Mannheim im damaligen Westdeutschland. Der damals noch pummelige Michael ist hin und weg, als

Football-Star Herschel Walker die Kaserne besucht, und kauft sich sogar dessen gefeiertes Fitness-Buch *Herschel Walker's Basic Training*. 1995 sind die beiden Teamkollegen bei den New York Giants, Stahan ein aufstrebender Youngster und Walker im Spätherbst seiner Karriere. »Ich habe mein Geld zurückverlangt«, schmunzelt Strahan über ihre erste Begegnung als Mannschaftskameraden im Training Camp. Walker entgegnet nur lachend, dass Strahan es ja anscheinend mit dem Buch ziemlich weit gebracht hat.

EIN MASKOTTCHEN MÖCHTE MITMACHEN

Zwei Tage vor Heiligabend 1996 springt ein Punt der Pittsburgh Steelers im letzten Saisonspiel bei den Carolina Panthers durch die gegnerische Endzone. Auf einmal stürzt sich ein überdimensionaler Plüschpanther im Weihnachtsmann-Kostüm auf das Spielgerät. »Sir Purr«, das Maskottchen der Panthers, bekommt nicht mit, dass sich der Ball eigentlich noch im Spiel befindet. »Auf einmal gratulieren mir alle Spieler, wie gut ich den Punt doch gestoppt hätte«, lacht Tommy Donovan hinterher, der an diesem Tag in dem Kostüm steckt. Die Schiedsrichter erklären den Spielzug trotzdem für beendet und kommentieren über Lautsprecher nachsichtig: »*The Play was ruled dead in the endzone, the mascot came on the field and touched the ball.*«

MIT DEM TAXI IN DIE NFL

Der legendäre Coach Paul Brown will in den Vierzigerjahren einige talentierte Spieler beim Training der Cleveland Browns dabeihaben, nur ist der reguläre Kader eigentlich voll. Die weiteren Akteure behält er aber als Reserve, nutzt sie zum gemeinsamen Training oder um beizeiten schnell den Kader mit vertrauten Kräften aufzufüllen. Auf der Gehaltsliste stehen die Reservisten allerdings beim größten Taxiunternehmen der Stadt, der Cleveland Yellow Cab Company. Diese gehört nach einem Zusammenschluss Browns-Besitzer Arthur »Mickey« McBride, und somit erblickt die »Taxi Squad« für Reservespieler das Licht der NFL-Welt. Heute ist das Ganze eher als Practice Squad bekannt, liegt das Hauptaugenmerk der am Spieltag in Zivil auftretenden »Taxifahrer« doch auf dem Training unter der Woche.

»THE FRIDGE« IM BOXRING

William »The Refridgerator« Perry schafft es Mitte der Achtziger bei den Chicago Bears dank seiner starken Football-Leistungen und mit einer seinem Umfang ähnlichen Persönlichkeit regelmäßig in die Schlagzeilen. Auch nach der Karriere scheut er das Rampenlicht keineswegs und tritt unter anderem 2002 beim Celebrity Boxing gegen den sudanesischen Basketball-Philantropen Manute Bol an. Die Körpermaße der beiden allein sind schon einen Blick wert: Der »Kühlschrank« wiegt zur damaligen Zeit wohl ein wenig mehr als zu besten NFL-Tagen, wo er schon 152 Kilogramm bei 1,88 Meter Körpergröße auf die Waage brachte. Bol punktet eher mit seiner Länge von 2,31 Meter, die er allerdings auf gerade einmal 91 Kilogramm verteilt. Bols Reichweite macht im Duell der sympathischen Publikumslieblinge am Ende den Unterschied und sichert ihm einen knappen Punktsieg.

EIN MASKOTTCHEN ALS BÜRGERMEISTER

Als Michael Hancock am 18. Juli 2011 als Bürgermeister von Denver, Colorado, vereidigt wird, angelt sich mit ihm ein Mitglied der 1986er-Mannschaft der Denver Broncos das höchste Amt der Stadt. Hancock blickt allerdings nicht auf eine Football-Karriere im klassischen Sinne zurück, vielmehr hörte er einst auf den Namen »Huddles« und gibt das Maskottchen der Männer aus der Mile High Metropole. »Ich war ein Pferd auf den Hinterbeinen und hatte einen riesigen Football-Helm auf«, lacht das Mitglied der Demokratischen Partei in Erinnerung an seinen Schülerjob. Der bekennende Broncos-Fan bekommt für seine Arbeit nicht nur 25 US-Dollar die Stunde, sondern darf am 25. Januar 1987 auch mit dem Team zum Super Bowl in Pasadena reisen, wo Denver allerdings deutlich den New York Giants unterliegt.

DER ERSTE GEDRAFTETE NFL-SPIELER ÜBERHAUPT

Am 8. Februar 1936 findet die historische Premiere der NFL Drafts statt, und die Philadelphia Eagles machen Jay Berwanger dabei zum ersten Pick der Ligageschichte. Aufgrund finanzieller Probleme müssen sie den Star der University of Chicago an die Bears abgeben, die seine hohen Gehaltsforderungen allerdings ebenfalls nicht erfüllen wollen. Prompt schwenkt Berwanger mit der Karriereplanung um, heuert bei einer Gummifirma an und sagt: »Ich kann woanders mehr Geld machen.« Die pragmatische Einstellung zum Spiel liegt in der Familie. Seine Heisman Trophy, die der Halfback mit deutschen Vorfahren seiner Tante Gussie vermacht, benutzt die Dame lange Jahre als Türstopper.

DER ZWÖLFTE MANN

Die Boston Patriots brauchen am 3. November 1961 noch einen Goalline Stand, um ihre AFL-Matchup gegen die Dallas Texans im heimischen Nickerson Field zu gewinnen. Und in den letzten Sekunden bekommen sie dabei ungeahnte Hilfe durch eine ganz besondere Form von Heimvorteil. Kurz nach dem Snap läuft ein Mann in einem Trenchcoat von den Zuschauerrängen auf das Feld und stört den Pass von Quarterback Cotton Davidson zu Receiver Chris Buford. Kurz darauf stürmen auch die restlichen Fans das Feld, und die Patriots erkennen erst beim Videostudium am folgenden Montag, dass sie in der entscheidenden Szene etwas Hilfe hatten. Lange danach noch hält sich das Gerücht, dass Patriots-Besitzer und häufiger Träger eines Trenchcoats, Billy Sullivan, der zwölfte Mann auf dem Feld war, eine Geschichte, die er selbst in den Folgejahren niemals eindeutig dementieren wird.

SEEPFERDCHEN FÜR D.K. METCALF

Als Wide Receiver DeKaylin Zecharius »D.K.« Metcalf 2019 bei den Seattle Seahawks anheuert, nimmt Star-Quarterback Russell Wilson den jungen Überathleten direkt unter seine Fittiche. Er lädt ihn zu Zeiten der Covid-19-Pandemie sogar in seine Urlaubsvilla in Mexiko ein, um mit seinem Teamkollegen in der trainingsfreien Zeit an der gemeinsamen Chemie zu arbeiten. Bevor allerdings Pässe und Routen auf dem Plan stehen, wird Wilson zum Lehrer im hauseigenen Swimmingpool. Metcalf, seines Zeichens ein wie aus Stein gemeißelter Muskelberg, kann nämlich nicht schwimmen und hat nach einem traumatischen Kindheitserlebnis panische Angst vor Wasser – weshalb er an einem wichtigen Teil von Wilsons üblicher Trainingsroutine nicht teilnehmen kann. Dieser wird kurzerhand zum Bademeister und bringt dem jungen Teamkollegen bei, im Wasser nicht unterzugehen. »Ich glaube, nur Gott wäre ein besser Schwimmlehrer als er«, lobt Metcalf Wilson hinterher lachend für dessen Geduld.

ELVIS GRBAC, DER »SEXIEST ATHLETE« 1998

Als ein Fotograf und ein Redakteur des *People Magazine* 1998 von ihrer Dienstreise in Kansas City nach New York zurückkehren, schlägt ihr Chefredakteur geschockt die Hände über dem Kopf zusammen. »Wer zum Teufel ist das?«, flucht er und zeigt auf Bilder eines Quarterbacks, den das Magazin zu ihrem »sexiest athlete of the year« gemacht hatte. Nur haben seine Angestellten, die den Quarterback der Kansas City Chiefs interviewen und ablichten sollten, nicht den eigentlichen Sieger des Awards Rich Gannon porträtiert, sondern seinen Teamkollegen Elvis Grbac. Die Journalisten bringen es nicht übers Herz, Grbac von der Verwechslung zu erzählen, und lassen die Dinge laufen. Zum Ende hin wird sogar noch Grbacs Frau zitiert, die über ihren Mann sagt: »Seine Persönlichkeit macht ihn sexy.«

»HEY, ISN'T THAT JOHN CANDY?«

Im Super Bowl XXIII führt Cincinnati mit 16:13, und die San Francisco 49ers stehen bei noch 3:10 Minuten zu spielen aufgrund eines Penalty an ihrer eigenen Acht-Yard-Line. Während der TV Timeout versammelt Quarterback Joe Montana sein Team im Huddle, zeigt vor dem wichtigsten Drive der Saison ins Publikum und sagt: »Ist das da nicht John Candy?« Tatsächlich sieht er den beleibten Schauspieler unter den Zuschauern und lockert damit nicht nur die Stimmung seiner Mannschaft auf. »Ich habe eigentlich für meinen Tackle Harris Burton auf Candy gezeigt«, lacht Montana später. »Er kam immer zum Training und hat uns so stolz erzählt, wenn er mal wieder einen Prominenten gesehen hatte. Da wollte ich ihm einen Gefallen tun, denn meines Wissens hatte er Candy vorher noch nie gesehen.« Kurz danach dirigiert Montana einen der berühmtesten Drives der Super-Bowl-Geschichte, den »Joe Cool« nach 92 Yards mit einem Pass zu John Taylor abschließt.

WES WELKER UND SEIN RENNPFERD

Wes Welker wartet 2004 vergeblich, dass ihn ein NFL-Team nach seiner Karriere an der Texas Tech University im NFL Draft zieht. Über Umwege erkämpft er sich aber einen Platz in der Liga und wird spätestens als kongenialer Partner von Tom Brady bei den New England Patriots zum echten Star. 2015 beendet er seine Karriere mit 903 Catches, 9924 Receiving Yards und insgesamt 51 Touchdowns, der Stachel der früheren Missachtung sitzt aber noch lange tief beim fünffachen Pro Bowler. So nennt Welker das Rennpferd, dass er sich 2011 für 50 000 US-Dollar zulegt, vielsagend »Undrafted«, eine Erinnerung an seinen langen Weg an die Spitze seiner Profession. Auf der Rennbahn klappt es auch ganz gut, denn der Fuchswallach verdient für seinen Besitzer in den Folgejahren fast zwei Millionen US-Dollar und gewinnt insgesamt neun Rennen, darunter auch den legendären Royal-Ascot-Preis in England. Nicht schlecht für jemanden, der »nicht gedraftet« wurde.

DIE ETWAS ANDEREN NFL-AUTOGRAMME

2020 besuchen Patrick Mahomes und Travis Kelce nach der Super Bowl Parade mit ihren Kansas City Chiefs ein Konzert von Rapper Post Malone und feiern mit dem Musikstar im Backstage-Bereich des Sprint Centers. Beim Beer-Pong-Spiel fällt der Sieg der Footballer dermaßen deutlich aus, dass Malone sich direkt die Unterschriften der beiden Superstars inklusive Chiefs-Logo auf den Unterarm tätowieren lässt. »Er hatte tatsächlich seinen eigenen Tätowierer dabei«, lacht Mahomes hinterher und unterstreicht, dass der Musiker den scherzhaften Wetteinsatz für ihn nicht hätte einlösen müssen. Aufgrund der feuchtfröhlichen Spielereien beginnt das Konzert an diesem Tag sogar ein wenig später.

DER DINO-DEFENDER

Auf dem Feld ist Myles Garrett, Defensive End der Cleveland Browns, vor allem für seine athletische Spielweise und gnadenlose Jagd auf gegnerische Quarterbacks bekannt – mal abgesehen von seiner Helm-Attacke gegen Pittsburghs Mason Rudolph. Abseits des Gridirons hegt Garrett dagegen eine eher kindliche Leidenschaft für Dinosaurier. Als kleiner Junge ist er fasziniert von dem Film *Jurassic Park*, buddelt reihenweise Löcher in den elterlichen Garten auf der Suche nach Fossilien und hätte sich bei seiner College-Auswahl fast für die Ohio State entschieden, weil deren Paläontologie-Studiengang als einer der besten des Landes gilt. Sein Talent vergleicht er ebenfalls mit dem einer Urzeitechse. »Ich bin wie ein Deinonychus«, scherzt Garrett über das eigene Spiel. »Er ist schnell, gefährlich und zielt direkt auf den Knockout, so wie ich.« Eine sanfte Seite hat der Überathlet allerdings auch, denn er schreibt in seiner Freizeit regelmäßig Gedichte und arbeitet an einem Kinderbuch. Das Thema? Natürlich Dinosaurier.

AL BUNDY UND DIE NFL

Wer kennt sie nicht, die berühmte Geschichte von Al Bundys vier Touchdowns in einem Spiel aus seinen legendären Tagen an der Polk High. Ed O'Neil, der den griesgrämigen Schuhverkäufer-Macho in der Kultserie *Married With Children* (dt. *Eine schrecklich nette Familie*) verkörpert, ist vor seiner Leinwandkarriere tatsächlich ein respektabler Football-Spieler und ergattert nach einer guten College-Laufbahn sogar einen Camp Vertrag bei den Pittsburgh Steelers. Beim Erblicken grimmiger Verteidigungsmonster wie L.C. Greenwood oder »Mean« Joe Greene fragt ihn sein Vater, der ihn zum Trainingslager gefahren hat: »Willst du das wirklich tun?« O'Neill will, wird allerdings zwei Wochen später trotz solider Leistungen entlassen. Und damit ist der Weg frei für ganz andere berufliche Höchstleistungen, bei denen er reihenweise NFL-Stars wie Joe Namath, Bubba Smith oder Terry Bradshaw in Gastrollen wiedertrifft. Vor allem Smith spielt sich als grimmiger Nachtwächter »Ersatzreifen« Dixon in die Herzen der Fans.

DIE OAKLAND »SEÑORS«

Der grimmige Räuber im Piratenlook auf dem Logo der heutigen Las Vegas Raiders ist wohl eines der NFL-Wappen mit dem höchsten Wiedererkennungswert. Fast wäre daraus aber gar nichts geworden, denn die Raiders sollen während ihrer Anfangstage in Oakland zunächst auf den Namen »Señors« hören. Mithilfe einer Leserbefragung der *Oakland Tribune* werden einem Wahlkomitee damals 19 Namen vorgelegt, und nach acht Tagen entscheidet sich das Gremium tatsächlich für die Hommage an die historischen Siedler Kaliforniens. Nach etlichen Unkereien und Beschwerden der Öffentlichkeit sowie von der *Tribune* selbst, die damals das spanische Sonderzeichen mit dem wellenförmigen Akzent über dem »N« nicht in ihrer Druckerpresse hat, wird der Name allerdings geändert.

SUPER BOWL HANGOVER

Am Morgen des ersten Super Bowl zwischen Kansas City und Green Bay nimmt Packers-Receiver Max McGee seinen Positionskollegen Boyd Dowler zur Seite und flüstert ihm zu: »Verletz dich bloß nicht, ich war gestern etwas lange aus.« McGee pfeift tatsächlich in der vorigen Nacht auf den Zapfenstreich und zieht lieber mit zwei Flugbegleiterinnen bis morgens halb sieben um die Häuser. Warum auch nicht, musste er doch die gesamte Saison über nur vier Pässe fangen. Natürlich verletzt sich Dowler schon beim dritten Play während des Spiels, und ein verkaterter McGee hört prompt die bellende Stimme von Packers-Coach Vince Lombardi über die Ersatzbank hallen: »McGee!« Jener stolpert auf das Feld, macht anschließend zu seiner eigenen Überraschung das Spiel seines Lebens und wird mit sieben Catches für 138 Yards sowie zwei Touchdowns zum ungeahnten Helden. Die humorvolle Episode ist typisch für Schwerenöter McGee, der in Green Bay als Mitbewohner und Trinkkumpan von Superstar Paul Hornung die Nacht regelmäßig zum Tag macht und außerdem stets einen lockeren Spruch auf den Lippen hat. Während einer Wutrede des strengen Lombardis, bei der dieser brüllt »wir fangen ganz von vorne an, das ist Football«, steht ein schmunzelnder McGee auf und sagt: »Hey Coach, das geht jetzt aber ein bisschen zu schnell!«

EIN PIRAT MIT FRAGWÜRDIGEM ALLGEMEINWISSEN

Dem Expansion-Team der Tampa Bay Buccaneers fehlt es in ihrer ersten NFL-Saison 1976 an einer ganzen Menge, schließlich beenden sie das Premierenjahr ohne einen einzigen Sieg. Ob auch das mehr als fragwürdige Wissen über medizinische Vorgänge eines Spielers eine Rolle gespielt hat, ist schwer zu sagen. Im Training Camp vor Saisonbeginn sieht Head Coach John McKay, wie Offensive Lineman Ira Gordon sich ständig an den schmerzenden Nacken greift. »Lass das einmal röntgen«, bittet der Trainer ihn, und Gordon willigt ein. Am Nachmittag treffen sich die beiden wieder, Gordon tut der Hals offenbar immer noch weh. Auf die Nachfrage des Coaches, ob er nicht beim Röntgen gewesen sei, entgegnet ein zerknirschter Gordon: »Da war ich, Coach, aber es hat nichts geholfen.«

DER DOPPELTE KICKER

Gary Anderson und Morten Andersen teilen sich nicht nur einen fast identischen Nachnamen, auch in anderer Hinsicht verlaufen die Karrieren der beiden Kicker geradezu wundersam ähnlich. Ihre Geburtstage liegen nur ein gutes Jahr auseinander, sie kommen beide als Teenager aus dem Ausland nach Amerika, Gary aus Südafrika und Morten aus Dänemark, und werden quasi parallel zueinander Top-Kicker in der National Football League. Ihre Karriere-Trefferquoten unterscheiden sich nur durch 0,4 Prozentpunkte voneinander, sowohl bei den Field Goals als auch bei den Extrapunkten. Der Tiefpunkt von Garys Karriere ist das NFC Championship Game 1998 mit den Minnesota Vikings gegen Atlanta, als er den potenziellen Game Winner links an den Torstangen vorbeizieht, obwohl er während der regulären Saison nicht ein Field Goal versemmelt hat. Die Falcons retten sich anschließend in die Overtime, wo sie selber dann das entscheidende Field Goal treten. Der Kicker? Na klar, Morten Andersen.

»HALLO, HIER BILL BELICHICK«

Mike Whalen tritt 2010 seinen Posten als Coach an der Wesleyan University an und sucht händeringend nach guten High-School-Spielern, um die Qualität seines Teams zu steigern. Um einen Recruit aus dem Nordosten zu überzeugen, bittet er seinen Kumpel Bill Belichick, Super Bowl Coach der New England Patriots, ob er nicht ein paar gute Worte bei dem Jungen einlegen könnte. Gesagt, getan, Belichick ruft den Schüler an. »Hallo, hier ist Bill Belichick von den New England Patriots«, sagt die Trainerlegende, worauf er am anderen Ende nur ein »Ja, klar« hört. Gerade als Belichick mit dem Jungen über seine College-Wahl sprechen will, hört er noch ein sarkastisches »Aber sicher, Bill« und dann ist die Leitung tot. Wer würde auch nicht an einen Telefonscherz denken, wenn er vom großen Bill Belichick persönlich angerufen wird?

DIE HÄRTE VON JACK LAMBERT

Nachdem Jack Lambert in einem Spiel gegen die Cleveland Browns den gegnerischen Quarterback Brian Sipe mehr als unsanft zu Boden gebracht hat, umringt eine ganze Traube von Reportern den gefürchteten Middle Linebacker der Pittsburgh Steelers. Ob sein Hit denn wirklich so schlimm gewesen sei, wollen sie wissen. »Der Schiedsrichter erzählte mir, ich hätte ihn zu hart getroffen«, sagt Lambert mit versteinerter Miene. »Und, war es zu hart?«, fragt ein Journalist nach.

»Ich habe ihm auf jeden Fall so hart eine verpasst, wie ich konnte«, entgegnet Lambert und lässt dabei sogar einmal kurz sein ganz besonderes, weil zahnloses Lächeln aufblitzen.

EINE WEIßE WESTE BEIM SUPER BOWL

Wenn Teams sich vor dem Super Bowl für eine Trikotfarbe entscheiden, dann hoffen sie mit ein klein wenig Aberglauben darauf, dass sie ein Design tragen können, mit dem sie zuletzt gute Resultate eingefahren haben. Die jüngste Historie spricht aber ganz klar für jene Farben, die traditionell die Braut vor dem Altar trägt: Seit 1990 gewinnt 22 Mal die Mannschaft in den weißen Trikots das Endspiel, während Teams in farbigen Leibchen lediglich zehn Mal die Vince Lombardi Trophy in den Himmel recken dürfen. Besonders die letzten Jahre sind für die starke Diskrepanz verantwortlich, denn seit 2005 haben mit Green Bay, Philadelphia und Kansas City nur drei Mannschaften in farbigen Trikots das Endspiel gewonnen.

VIDEOSTUDIUM MIT JAMARCUS RUSSELL

Schon bevor die Oakland Raiders JaMarcus Russell zum Top Overall Pick im 2007er NFL Draft machen, gibt es Gerüchte um die zweifelhafte Arbeitseinstellung des hochgewachsenen Quarterbacks mit dem vermeintlichen »Millionen-Dollar-Arm«. Nach dem Draft wollen sie es selbst aber genau wissen und geben ihm im Training Camp ein paar DVDs zum Videostudium mit nach Hause. Am nächsten Tag kommt Russell wieder und erzählt, dass er sich die Blitz Packages angeschaut hat. Das einzige Problem daran: Die DVDs sind leer, es finden sich keine Spielzugvarianten darauf. Die Flunkerei ist damit schnell enttarnt und wird zu einem von vielen Vorboten auf Russells letztendlichem Weg zu einem der vielleicht enttäuschendsten Draft Picks aller Zeiten.

GIB MIR DEINE NUMMER

In der Endphase eines Spiels zwischen den Denver Broncos und den Kansas City Chiefs am 16. November 1998 verliert Chiefs-Linebacker Derrick Thomas die Geduld mit Broncos-Tight-End Shannon Sharpe. Drei Flaggen handelt er sich für persönliche Fouls in nur einem Drive ein, wird hinterher sogar von seinem eigenen Team für ein Spiel suspendiert. Angeblich soll der für seinen Trash Talk bekannte Sharpe Ziffer für Ziffer die Telefonnummer von Thomas' damaliger Freundin aufgesagt haben. Laut Sharpe, der dies als seinen »schönsten Moment« als Trash Talker bezeichnet, haben sich die beiden Hall of Famer aber anschließend wieder vertragen.

GEORGE ROGERS UND DIE MATHEMATIK

Runningback George Rogers gewinnt 1980 an der University of South Carolina die Heisman Trophy und fasst auch im kommenden Jahr in der NFL schnell Fuß. Die Mathematikkenntnisse des dreifachen Pro Bowlers sind dabei aber wohl nicht ausschlaggebend. So antwortet er einmal auf die Frage, was denn sein Ziel für die kommende Saison wäre: »Ich will 1000 oder 1500 Yards erlaufen, was auch immer als Erstes kommt.«

OVER-TIME

DIE WICHTIGSTEN BEGRIFFE IM AMERICAN FOOTBALL

AFL

American Football League, eine anfängliche Konkurrenzliga der NFL.

AFC

American Football Conference, eine der zwei Conferences AFC und NFC, aus denen die NFL besteht.

BLITZ

Verteidigungsaktion, bei der die Defense neben der Defensive Line zusätzliche Spieler einsetzt, um das gegnerische Hinterfeld zu attackieren.

CANTON

Heimat der Pro Football Hall of Fame.

EXTRA POINT

Schuss durch die Torstangen nach einem Touchdown, der bei Erfolg mit einem Punkt belohnt wird.

FIELD GOAL

Schuss durch die Torstangen aus dem Feld heraus, wofür es drei Punkte gibt.

FIRST DOWN

Wenn die Offense aufgrund eines Raumgewinns vier neue Versuche bekommt, um zehn Yards zu überbrücken.

FUMBLE

Wenn ein Ballträger das Spielgerät aus den Händen verliert.

GRIDIRON

Bezeichnung für das Spielfeld (nicht nur im American Football), weil die Linienführung einem Gitterrost ähnelt.

INTERCEPTION

Das Abfangen eines Passes vom gegnerischen Quarterback.

LINE OF SCRIMMAGE

Imaginäre Linie zwischen dem Angriff und der Verteidigung.

NFC

National Football Conference, eine der zwei Conferences AFC und NFC, aus denen die NFL besteht.

PUNT

Schuss des Balles zum Gegner, um die eigene Feldposition für die Verteidigung zu verbessern.

SAFETY

Das zu Boden bringen eines Angreifers in dessen eigener Endzone (zwei Punkte).

SALARY CAP

Darunter versteht man die ligaübergreifende Gehaltsobergrenze.

SNAP

Übergabe des Balls vom Center zum Quarterback, womit der Spielzug beginnt.

TACKLE

Das zu Boden bringen des Angreifers, der den Ball
trägt.

TOUCHDOWN

Wenn die Offense den Ball in die Endzone befördert;
das Team erhält hierfür sechs Punkte.

TWO POINT CONVERSION

Normales Angriffsplay von der Two Yard Line statt Extra Point, um nach einem Touchdown zwei Punkte zu
erzielen.

ÜBER DEN AUTOR

Moritz Wollert, Jahrgang 1984, studierte nach Abitur und Zivildienst Sportmanagement. Nach einigen Jahren in diesem Beruf folgte er seiner Leidenschaft für das geschriebene Wort und machte sich 2018 als freier Redakteur und Autor selbstständig. Über seinen Lieblingssport American Football schreibt er für das Magazin *Touchdown 24*. Der gebürtige Rheinländer lebt mit Frau und Sohn in Hamburg.